恋愛成就寺

小池龍之介

はじめに

恋というと私たちはいきおい、美しかったり甘美だったりする、都合のいいイメージを思い浮かべがちなものです、ね。

いやはや、ところが実際は、恋愛中には、〝愛し合う二人〟とか〝愛情あふれる言葉〟とか〝燃えるようなトキメキ〟とか〝共有される居心地のよさ〟といった甘美なもののほかに、ともすればドロドロした想いが心の中を占めてしまうもの。それは誰もが経験して知っています。

恋愛は、良かれ悪しかれ相手への渇望感とくっついていますから、「恋人にはもっとこうしてほしいッ」という渇望感が少しでも思いどおりに満たされなくなってまいりますと、渇望はすぐにイライラに転化してしまうものなのです。

「誘うのはいつも自分からなんて……」と、恋のパワーバランスにイライラしたり。結婚への態度が曖昧な相手にイライラしたり。自分の気持ちをわかってくれない恋人に拗《す》ねてケンカをふっかけたくなったり。嫉妬したり、恨んだり、忘れられなかったり。不安、寂しさ、などなど。

こうして、せっかく甘美なはずの関係を醜い感情で汚してしまい、ギスギスさせることになる原因は何でしょうか？

詳しくは、本文でお読みいただくとして、ここではひとことでまとめてみましょう。

恋では、〝あなたにとってわたしだけ〟という、自分の圧倒的なスペシャル感が際立ってまいりますため、〝わたしの特別さ《スペシャル》〟の気持ちよさに酔い痴れて、相手の気持ちを忘れてしまう——元凶は、そこにあります。

本書では、モバイルサイト『スピチャン』内にて連載中の『恋愛成就寺』をもとに、読者のみなさまから寄せられた相談に答えるかたちで、それぞれに具体的ケースを通じて、〝わたしの特別感《スペシャル》〟のもたらす快感と害毒を分析して提示するようにいたしました。

恋愛中に生じる心の歪みを、あれこれと突っ込んで明るみに出しましたので、そういった醜いゲテモノに直面すると、目を背けたくなるかもしれません。

けれども、もし、「うう……ッ、これ、思い当たるかも」とズキズキする点を見つけられましたら、その醜い部分に気づいたことで、性格美人に変化してゆくチャンスなのです。相手のためにも、自分のためにも。

先ほど記しましたように恋愛という、自我が炸裂する状況下ではある意味、私たちは平素よりもずっと、さまざまな醜い感情を体験するものです。

そのかけがえのないプロセスの中で、自分の中に隠れていた醜悪な部分に気づくきっかけを与えられることも、多々あるでしょう。その醜い部分を美化していくことがかないますなら、恋は、私たちにずいぶん多くのことを教えてくれもすることがわかるでしょう。

それではこれより、ひとつひとつの恋愛ケーススタディへと入ってまいりましょう。
みなさまの恋路が、すこぶるハッピーに成就いたしますように。

小池龍之介

もくじ

恋愛成就寺

小池龍之介

お悩み❶

彼の本心が知りたい

会うたびに態度が変わる彼。すごく優しくしてくれるときもあれば、冷たくされるときもあり、彼の本心がわかりません。メールの返事も来るときと来ないときがあり、わたしから連絡しないと何週間も音沙汰なくなってしまう状態です。合コンに行ってたという話も聞きますし、ほかの女性と親しげにしているのも目にします。

こんな関係がつらくて、もうケリをつけようと思って、「わたしのこと好きなの？」と聞くと、好きだと答えてくれますが、彼がわたしのことをどんなふうに考えているのか、まったくわからず不安です。どうすれば彼との関係を進展させることができるでしょうか？

（東京都　31歳　会社員）

プライドが高くて傷つきやすいやっかいな男の子たち。

いやはや、彼は、自分から愛情を示すよりも「相手から愛されたい」と思っている、プライドが高くて傷つきやすい男性なのでしょう。

そういう人にとって、相手への愛情を表現することは、かなりの至難の業なのです。自分からあまり愛情を示したり優しくしたりしなくても、女の子が自分のことを好きでいてくれたり、自分の愛情を求めているように見えたりしますと、そのことによって、プライドが満たされます。自分のほうが勝っているという感じ、と言い換えてもよいでしょう。

ふだんは冷たくしていて、彼女を不安にさせる。気紛れで優しくすると、彼女は救われたように喜ぶ――こうして彼女を精神的に支配することで、相手に影響力を行使している自分というものを実感する。それによって自分の価値が上がったように感じて、気持ちいいのです。

ただこの場合、彼は自分のプライドを満たすことを優先してはいるものの、彼女のことを好きなわけではないのかというと、そうとも申せません。

昔から、「釣った魚に餌をやらない」という言い方がありますけれども、そんな具合に、好きではあるのだけれども、彼女からの愛情を当たり前とみなし、彼女に餌をあげたくなくなってしまっているのです。さらには、現代の男の子たちには、釣る前から餌をやりたがらない傾向があるように思われます。

と申しますのも、もし餌をやったのに釣れなかったら、餌をやらないで釣れなかったときより、ずっとずっと傷ついてしまうからです。

ガラスのハート。

ものすごいプライド。

そういう意味では、プライドが高くて傷つきやすい人ほど、いかにがんばらずに相手に愛されるかということを求める傾向があると申せましょう。

振られたときに、「がんばらなかったからだ」と言える言い訳を残しているのです。

自信がない分だけプライドが高くなるのです。

いかにがんばらずに相手に愛されるかを求める理由をさらに考えてみましょう。もしがんばってしまったら、その結果、仮にその人が振り向いてくれたとしましても、愛されているのは自分ではなくて、その〝がんばり〟だということになってしまうからです。プレゼントをあげて相手が喜んでくれたら、愛されているのは自分ではなくプレゼントだ。努力して愛の言葉をかけて相手が喜んでくれたとしても、愛の言葉が評価されているだけで、自分が愛されているわけではない――なんてことを感じなくてもいいように、いかに餌をやらずに愛されるかというのをがんばってしまうわけです。

いやはや。面倒くさい男心です。

なぜ、そんな面倒なことを考えなければならないかといえば、つまりは自信がないのです。プライドの高さと自信のなさというのは、つねにイコール。完全にイコールです。現実の自分がすごく傷つきやすくて弱いので、その弱さを覆い隠すための幻想のようなものとして、〝理想的な自分〟という夢をつくりあげます。

恋愛に限らず、あらゆる場面において、現実よりもはるかに高い自己像をつくり上げる、それがプライドというものの本質だと申せましょう。

相手にダメージを与えて自分の価値をつり上げようとしているのでしょう。

すなわち、プライドの高い男性というのは、高い自己像とちっぽけな自分の現実との間につねに落差があるわけでありまして、現実を突きつけられて傷つかないですむように、非常に周到に現実を見ないようにしているのです。

このケースのように、わざわざ相手にダメージを与えるようなことをする、というのもその周到な準備のひとつと申せます。

そういう男性にとっては、自分から愛してもらえるようにがんばっているから相手に好きでいてもらえている、っていうのがいちばんうれしくない。自分はがんばらないのに相手が愛してくれている、というのがわりとうれしい。でも、もっともうれしいのは、ダメージを与えているのにもかかわらず、それでも相手が自分のことを愛してくれているときです。そういうときに、自分の価値をいちばんつり上げることができると考えるのです。

いやはや、なんとも、あさましきことですねぇ。

その最たるものが浮気。

ほかの女の子に手を出したり目を向けたりして、恋人にダメージを与える。それでも相手は自分を愛してくれているし、浮気相手も自分を愛してくれている。「自分はいろんな人たちから愛されているッ」という素晴らしい全能感と、こうした評価を自分の中で反芻して気持ちよくなるのです。

彼がメールの返事をくれなかったり、のみならず、わざわざ合コンに行ったり、ほかの女の子と親しくしているのを隠そうともせず、ある意味、わざとバレるようにしているのは、傷つけるのが快感だから。

たとえ本人は自覚的ではないにしろ、彼女を傷つけてダメージを与えることによって、「俺は彼女にしっかり影響を与えることができている。それほど彼女は、俺のことが好きなんだ」とばかりに、自分の価値を確認しようとしているのでしょう。

これはみな、恋愛をしてお互いの距離が近しくなっていくなかで、プライドの高い男性が陥りがちな落とし穴です。私自身がそうでしたから、よくわかります。

傷つくことから自分を守る、草食系男子たち。

また、無意識的なレベルで、自分は彼女から求められたから返してあげてるんだという、偉そうで受け身な立場をとりたがっている、ということもあるでしょう。受け身の立場、つまり、「狩られる」ほう。いわゆる草食系男子の特徴です。

人は、相手から求められているということによって、居場所があるとか、必要とされているとか、愛されているとか、生きている意味があると、実感しやすいものですが、一般には、おもにそれは女性に強く見られるものとされてまいりました。

ところが、近年急速に、男性が自分からアプローチしたり積極的に求めることができなくなってきておりまして、そういう男子が草食系と呼ばれているようです。男性がアプローチしなくなったものですから、女性のほうから狩りに出なければいけなくなっているのです。

精神的に虚弱になっていることと草食化には、とても強い関係があると思われます。

傷つきやすくなっている背景には、過去の失敗の体験というものもあることでしょう。それは必ずしも深刻な恋愛問題だとは限りません。すなわち、相手にぞっこんに惚れていたのに、ずたずたにされて捨てられたとか、そういうわかりやすい話だとは限らない。そもそも恋愛だとも限りません。

受験勉強をすごくがんばったのに第一志望校に落ちてしまったというようなことかもしれません。親に認められようと思って親の喜ぶことをしようとしてきたけれど、うまくいかなかったとか、そういうことかもしれません。

その程度のことでも、現代の男の子にとっては、求めることそのものをものすごく恐れるようになったり、もう何もがんばりたくない、もう二度と傷つきたくないと思うようになったりするには、十分な出来事です。

こうした失敗の体験が、自分から女性を求めることに対する恐れへと転移するのです。

彼の母親になれますか？
愛されることをあきらめられますか？

では、こういう男性が、精神的に強い男性に変わる希望はあるのでしょうか？

ひとつの可能性としては、ズタボロになって、なんとか変わらなきゃいけないと心底思う経験をすること。もうひとつの可能性は、本人自身のもともとの問題、たとえば親子関係がうまくいっていないのが原因でしたら、それを解決するとか、仕事がうまくいっていないのでしたら、それがうまくいって自信がつくとか、何かしら心に目詰まりしていたものがとれることです。そういうことから変わっていく可能性はあります。

けれども、いやはや、過去の出来事によって形成された思考パターンは、本人がよほど自覚的に努力しない限りなかなか変わりませんから、こういう男性を好きになってしまったら相当厳しいと申すほかありません。

彼に対して女性がしてあげられることはひとつだけ。彼はあなたを意図的に苦しめようとして、こんなことをしているわけじゃない、ということをわかってあげることです。すごく弱っちくて、そういう行動をとることでしか、自分というものを保つことができないほどの壊れそうな人なんだということを認識してあげることです。

別れるべきか？　と聞かれたら、そんな厄介なサディストとは別れたほうがいいでしょう、と申したいところですが、どうしてもお好きなのでしたら、ある種の病気だと思って〝看護〟してさしあげることでしょう。

ガラスのハートが傷つかないように。
それを自分の役目だと引き受けて。
母親になったつもりで。

本人は自覚していないでしょうけれど、こうした男性が求めているのは、限りなく慈愛に満ちた、理想の母親なのです。何をしてもあやしてくれる女性。どんなにサディスティックに扱われても許してくれる女性。

多かれ少なかれ男性は母親を求めているものですが、とくに現代の若い男性の何割かは、この病気にかかっているように見受けられます。

ですから、自分が母親役でもいいと思えるならつき合い続ける。思えないなら、「好きだからつき合わなきゃいけない」のではなくて、「好きでも総合的に考えると別れたほうが幸せになれる場合がある」と考えて、お別れしたほうがよいと申し上げておきましょう。

いずれにしろ、彼のほうから愛してもらえるなどということを期待してはなりません。彼には無理です。

できないことを求めても軋轢を生じてしまいますので、「彼は求められたいと思ってるんだな、じゃあ愛情を注いであげましょう」「メールはいつもこちらから送らないといけないのね、それで彼のプライドを満たしてあげられるんだから、やっといてあげましょう」と、相手をいたわってあげるほかありません。

こういう人を好きになってしまったら、もう、自分が愛されることをあきらめるほかないのです。まさに、母の無償の愛と申せましょう（ただし、現実に存在する母親は、わが子に対してそこまで無償の愛など注げないものなのですけれども）。


ただ、厄介なのは、自分も若干同じ病気をかかえている女性に限って、こういう男性に惹かれてしまいがちだということです。相談の文面からも、愛されたい、自分が求めるより相手に求められたい、という苦しみが見てとれます。

自分を傷つけ続ける相手を愛し続けて、それでも幸せになれたらいいのでしょうけれど、人類にはなかなかむずかしいことでしょうねぇ。

愛されたいという気持ちを捨てないまま、どうにかしたら愛されるんじゃないかというはかない希望を持ちながら、いつまでも長引かせても、それが実現しないまま、やがて年をとって……そんな人生でもよろしいのですか？　と、突きつけさせていただいて、この項を閉じることにいたしましょう。

合掌

お悩み❷

彼の浮気が許せない

最近、彼のようすがおかしいのでケータイを見たら、あきらかに浮気している形跡があり、問い詰めたらその子と二回ほど寝たと白状しました。

別に好きなわけでもなく出来心だというので、許すことにしましたが、それ以来、彼が口にするほかの女性の話や彼の言動に神経質になり、彼を激しく責めてしまったり、あとでそんな自分に落ち込んだり。

そうこうするうちに、最初はただ謝るだけだった彼も、最近では、「許すって言ったのに約束破るのか?」と逆ギレする有様で、関係がぎくしゃくしています。もう二度と、前のような関係には戻れないのでしょうか?

(茨城県　26歳　販売員)

浮気によって相手にダメージを与えて、自分の影響力を確かめているのです。

お悩み❶の回答でもお話ししましたように、人が浮気をする理由のひとつは、相手にダメージを与えることによって、相手に対する自分の影響力を確かめたい、という理不尽な欲望によるものです。浮気をしたらかなりの確率で相手は嫌な気分になりますが、まさにそのことをこそ、浮気をする人は心の片隅でひそかに求めているのです。

浮気したと知ったら相手の感情はものすごく乱れるはずです。そのとき、浮気をする側が感じるのは、相手の感情が、総理大臣によって乱れているわけでもなく、地球温暖化の結果として乱れているのでもなく、まさにこの自分の影響で乱れている！

つまり、「この俺様が相手に影響を行使したのであーる！」ということです。

それにより自分の価値を確かめ、安心したいのです。

裏を返せば、浮気をしたけれども相手が平気そうにしていると、自分の影響力がちっともないのではないかと無力感を覚えます。伝統的に、女性、とくにプライドの高い女性が、別れるつもりもないのに「もう別れる！」と言ってしまうのと同じ心理と申せましょう。

別れたいわけではなくて、それによって男性が困り動揺して、別れたくないと言ってくれる、つまり、相手にダメージを与えることによって、自分の影響力を確認できる。愛情がないいんじゃないか、ほんとうに愛されているのかと不安だったけれど、相手はちゃんと影響を受けている。つまり、相手の心が自分の支配下にあって、「わたしはちゃんと愛されているんだわ」という実感を得ることができる、と、このような仕組みです。同じようなことをする男性もいますが、女性に比べるとその数は少なく、代わりに浮気をする人が多いように思われます。

つまり、浮気というのは一見すると、一生懸命ばれないように隠そうとしたくなるものであるように見えて実は、心のどこかでは、ばれてもいいかなぁとか、ばれてどんな反応をするか見てみたいなぁと思って、するものなのです。

浮気を防ぐには餌をやり続けるほかありません。

「釣った魚には餌をやらない」のは、男性の専売特許ではありません。女性の側も、つき合いが長くなるにつれて、最初のころのように気合を入れて服を選んだりメイクしたりしなくなったり、最初のころは控えていたような汚らしい言葉遣いをするようになったり……。関係がマンネリ化してくるにしたがって、どちらも、相手からは愛されたいけれど自分からは相手に、あんまり愛情表現をしなくなってくるように思われます。

それに対して、彼の浮気相手にとっては、いつまでたっても彼が自分のものにならず、自分は「浮気相手」のまま。ゆえに彼に対していつまでも、手抜きしないで一生懸命料理をつくったり、愛のこもった笑顔をあげたり、彼の話を「すごい！」と熱心に聞いてあげたりと、餌をやり続ける。そこで、浮気男は、「本命の彼女はこんなこと、全然してくれないのに！」と、ギャップに快感を感じるのです。

ですから、もし浮気されたくなかったら、女性も男性に餌をやり続ける努力をすることが肝要と申せましょう。

男性の場合も女性の場合も、最初のうちは努力しなくても、相手の心に影響を与え合う関係でいられます。それが恋愛です。けれどもその効力はやがて消え、途中からは努力が必要なのです。これは、よく覚えておかれたほうがよろしいでしょう。

小説の中の理想の異性は、小説家の妄想です。

こんなことを言うと、「ほんとうの恋なら、相手のすべてを許すものじゃないんですか?」という方が出てまいります。でも、「ほんとうの恋」などというものが、歴史上はたしてほんとうに存在したのでしょうか。

例としては古くさいかもしれませんが、ドストエフスキーは、『罪と罰』の中で、ソーニャというすごく純度の高い女の子を出してきて、主人公のラスコーリニコフがひどいことをしたことを告白したのに対し、「神様も許してくれるわよ、わたしもいっしょに神様に謝って、大地に接吻をしましょう」みたいなことを言わせていますが、ドストエフスキーが、なぜ、そんなすべてを許してくれる女の子をつくり上げたのかといったら、そんな、すべてを許せる純度の高い人間なんて、この世には存在しないからにほかなりません。

自分の妄想として、いつまでも変わることなく自分を許してくれたり、何をしても愛してくれたり、そういう異性がいたらいいなというのがあり、映画や小説に、究極の愛といって登場させるのです。

もし現実にあるのだとしたら、物語にしたところで陳腐ですし、「そういうのがいたらいいな」という妄想の対象にはならないでしょう。現実にはないからこそ、見たり読んだりしたとき、ああ、素敵だなと感動するのだと申せましょう。

許さなきゃ、許さなきゃ、と思うのは、怒りにふたをして、発酵させ、有毒ガスを発生させるようなものです。

浮気をした彼を許したいと思うのに、許せない自分を許せなく思っているようですが、私には実は、許すという言葉の意味がよくわかりません。

最初から怒らないという選択でしたらあるでしょう。が、いったん怒った以上、許すというのはあり得るのでしょうか。怒りが鎮まっていく、というのならわかりますけれども、ね。

許さなきゃいけないという思考回路をとるよりは、なんとかしてその怒りを鎮める努力をする。もし鎮められなければ怒りが継続し続けるという、ただそれだけのことです。許さなきゃ、許さなきゃ、と思うのは、怒りにふたをするだけ。ふたをして壺の中で悪い発酵をさせるだけです。

怒っているのに怒っていないことにするのは、自分に嘘をつくことです。それで自分の中に軋轢や葛藤が生じて心が歪む。それよりは、自分が怒っているということをちゃんと認めたほうがよろしいでしょう。

いっそ布団の中で、「怒ってるのにー!、うーーー!!」と、バタバタ暴れて泣いたほうがマシ。

いやはや、相手に対してはそんなふうに怒りをぶつけないほうがいいとは思いますけれども、自分の心の中でしたら、抑圧するよりは怒りをマックスまでがーーっと引っ張り出して燃焼させてしまうほうがマシなのではないでしょうか。

彼を責める前に、自分を変えることです。

だって、よくよく考えてみてください。彼は浮気相手のことが、心底から好きなわけではないんです。浮気相手のことが好きなのではなく、単に餌がもらえる状態が好きなのです。もし、その子のことを好きなのでしたら、彼女と別れてその子をとっているはずです。

ですから、彼がその子のことをいちばん好きなんじゃないかと心配する必要は、ない。

彼が好きなのはあなたのほう。

だけど、あなたからは餌がもらえないから、餌をもらいたい欲求はあちらの子で満たしてと、そうやって、自分を保っているのです。

ゆえに、彼に優しくしていなかったことを少し省みてみるとよいのです。

彼はもう浮気をやめているのに、いつまでも「なんで浮気したの？」としつこく責めてしまいますと、彼はいっしょにいても居場所がない気分になってしまいます。そうしますと、居場所をくれて甘やかしてくれる浮気相手のもとへ逃げ出したくなるのも自然の摂理。

すなわち、「なんで浮気したの？」と責めるのは、「また浮気していいよ」と言っているようなものです。ひょっとしたらそれで、すでにまた別の人と浮気しているかもしれませんね。

ところで、こんなに怒っておられるということは、彼が浮気をする前も何か別のことで、いろいろと怒っていらしたのではないでしょうか。

となると、彼は、この人といると息が詰まる、つき合っていたいという気持ちはあるのだけれど、いっしょにいると息が詰まるから、別の女の子のところに行って息抜きして栄養を補給して、また元気になったら戻ってきて……というようなことになっているかもしれません。

浮気相手にしてみたら、まさに利用されているというか、栄養をあげているのに、彼のガス抜きとして元の彼女のところに戻るパワーをあげているようなもので、そちらの女性こそ、とてもかわいそうだと申せましょう。

ですから、相手を責めて自分の中に有毒ガスを溜め込むのはやめて、自分自身を変えていくことです。自分にも非があったんだ、彼はわたしのことを嫌いだから浮気したんじゃなくて、好きだから浮気したんだ、と理解したうえで怒りを鎮めることです。

そして、彼が浮気したくなる原因になっているのは何かを点検してみること。相手が自分といて安らぐ状態、相手に栄養を与える状態をつくってあげることと申せましょう。

あなたが先に変わってあげたほうがよいでしょう。いまのあなたが魅力がないからではなくて、彼との関係のために。

さらに申せば、自分が浮気されるような人間であるという事実を受け入れることも必要かと思われます。

なぜ、浮気されることがそれほど嫌なのかといったら、相手が別の人のところに行ってしまうのが怖い、悲しいというより、浮気をされてしまうような自分は価値が低いと、自分の価値が下がったように感じてしまうからだと思われます。つまり、彼への愛というより自己愛《ナルシシズム》の問題です。

ゆえに、浮気をされてしまったり、全面的に愛情を注いでもらえなかったりしている自分の現状を認められないのです。「ほんとうはもっと愛されるはずだし、ほんとうは浮気されるような人間じゃないのに!!」と、その現状に怒っているのです。

でも、あいにく現実は、浮気されるに値するような自分を、自分でつくり上げてきてしまった。現時点の自分のままでは愛してもらえないのは必然なんだ——まずは、この嫌な事実を受け入れるほかないでしょう。

多くの場合において私たちは、「自分はもっと愛されるはずなのに、なぜ愛されないんだ、許せないッ」と怒って、相手を攻撃しますが、起こらないことは起こらないし、起こるべきことは起こる。浮気という事態が起こるべくして起こった、そんな自分なんだと、認識することが先決でありましょう。

幸いなことに、たとえいまはそうでも、そうならないような自分に変えようと思ったら変わることができます。そうしましたら、相手との問題ももう解決したのだと思えるようになります。そうなれば、もはや彼を疑う必要もなくなります。

疑うのは、自分が変われていないから。

変われないのは、ほんとうには変わりたいとは思っていないから。

変わりたくないのは、このままの自分でも魅力的なはずだと思っていたいから。

変わるということは、いまの自分ではダメだ、欠けているものがあるということを認めるハメになってしまい、それが嫌だからです。


その現実を見るのが嫌で、「いまのままで愛されるはず……」と妄想し続けるなら、醜い自分を保持し続けることになり、彼との関係は悪化する一方でしょう。

思い切って、自分の醜い部分に鏡を当ててみること。その痛みによるショック療法で、怒りっぽさが少し和らぎ、彼に対して優しくなれますように。

合掌

嫉妬とは、自分や相手の価値を上げ下げするゲーム

「浮気されるのが好き」などという奇特な方はなかなかおられないことでしょう。それは、浮気をされると、自分よりも浮気相手のほうが価値が高いと感じさせられ、自分の価値が下がるような気がするからです。

恋しているときは、「相手からいちばん好きになってもらって、いちばん大切にしてほしいよーッ」と思ってしまいがちなもの。それゆえ、恋人が、自分以外の人や物事に時間を割いてばかりいたりすると、「自分が世界でいちばん」という酔いが醒めてしまって、悲しくなったり悔しくなったり寂しくなったりする道理です。

嫉妬の相手は必ずしも恋のライバルである必要はありません。たとえば恋人が趣味や勉強、あるいはアルバイトなどに夢中になって、月に一回くらいしかデートができないとなりますと、

多くの人は悲しくなるのではないでしょうか?

「自分のことをいちばん好きでいてくれるなら、どんなに忙しくても、ちゃんと会える時間をつくるはずなのに、つくってくれないのは、趣味や勉強のほうが好きで、自分は二番や三番にすぎないんだ。ガーン」と。

いわば、恋人が趣味や仕事に〝浮気〟をするせいで、自分の順位=価値が下がるので、趣味や仕事に嫉妬するのです。浮気相手が事や物ですらこの有様ですから、ましてや相手が人間だとよけいに脅かされるのです。

これを、逆の立場で考えてみますに、恋人を嫉妬させ苦しめないためには、ほかの人や趣味や仕事を、恋人よりも優先しすぎるのは控えてあげることであり、それが相手への思いやりだと申せましょう。

ところが、あいにくなことに多くの人はまた、恋人に嫉妬してもらうのが大好きだったりするものです。なぜなら、「嫉妬されるほど自分には価値がある」と錯覚できますからね。

ゆえに、「自分がいちばんに扱ってもらえてないかも……」と不安な人ほど、自分の価値をつり上げたくて、わざと相手を嫉妬させ、「愛され感」を演出したくなったりもいたします。

そして、ことさら異性の友だちと仲良くしたくなったり、あるいは実際、浮気をしてみたりするわけです。

これはすべて、自分の価値について不安にさせる相手への復讐として、相手の価値を下げようとする無意識的な動機も隠れていると申してよろしいでしょう。

こんなふうに、お互いの価値を下げ合おうとするとき、二人は恋をしているというより、浮気をすることで競争し合っていると申せましょう。

嫉妬とはそんな、むなしいゲームにすぎないんだ、なーんだ、
と気づいてあげると、嫉妬は止まるか和らぐかします。

お悩み❸

誰とつき合ってもうまくいきません

つき合い出したころはよくても、時間が経つと気持ちが冷めてしまい、相手の欠点ばかりが目についてイライラしたり、見下すような気持ちになってしまいます。そうすると、ほかの男性に目移りしてしまい、その男性が新しい彼となって、前の人とは別れる……毎度同じことの繰り返しです。

先日、はじめて相手のほうから、「おまえとうまくいくやつはいない。みんな離れていく」と別れを告げられました。

若いうちはいいけれど、もう少し年をとったら、誰にも振り向いてもらえず、結婚もできないんじゃないかと不安です。

（徳島県　26歳　接客）

努力なしでどこまで愛されるかで自分の価値を計ろうとしている草食系女子。

お悩み❶で取り上げた「プライドが高い草食系男子」の女性版とでも申せましょうか。いかに努力せずに受け身で——つまり、だらだらしたり相手にダメージを与えたりしてもそれでも——相手が自分を愛してくれるかをチェックしている草食系女子ですね。

努力しないで愛されたい。努力したから愛されるのではプライドが満たされないから、というパターンです。

昔の男の子はどっしりしていたので、そういうネチネチした女の子でも、かわいければ、ヨシヨシ、って優しくしてくれるところがあったかもしれません。

けれども、あいにく、いまの男の子たちというのはガラスのハートですから、相手の女の子が見下したり嫌な態度をとったりしはじめたりしたら、ガーンと傷ついて、「もうイヤだ！」と逃げていってしまいます。

自分は相手の幻想だけを見ておきながら、相手に対しては、「そのままのわたしを愛して」と言っているだけです。

つき合いはじめたころはよくても、すぐに相手の欠点が目についてしまうのは、手に入らないうちは幻想のベールがかかっていて、相手が現実よりもすこぶるよく見えたからにすぎません。

30ぐらいの良さを持っている人なら、最初は300ぐらいに見えます。ところが手に入ると、現実は30ぐらいだったことが露呈してしまう。幻想が失われていく。

(不倫なら、手に入らない状態がいつまでも続くので、いつまでも素敵！って思い続けて幻想を保っていられるでしょうけれども、ね。)

最初に、相手を過剰に素敵なものとして妄想し、それが急速にしぼんでいくのを見て、こんなはずじゃなかったとか、本来こうあるべきなのにと思う。その妄想というか幻想が強ければ強いほど、幻想のベールがはがれたときとの落差が大きくなります。

そこで、相手に、「わたしの幻想どおりになれ！」と指示してしまう。

ただ、相手はあなたの幻想どおりにはならないので、「幻滅した」となるのです。

ガビーン。


つまり、ナルシシズムなのです。

好きなのは相手ではなく、相手をきっかけに自分の頭の中で形成されたイメージ。

現実の30が好きなのではなく、それによって脳内に生まれた幻想の300が好きだということです。


それでは、あとで、「えーー!?」となって当然と申せましょう。むしろ相手がいないほうがいいくらい。相手がいるせいで、自分の中の理想像が壊れていってしまうのですから。

「あなたのせいで300が壊れていくでしょ！　あなたなんて死ねばいいのに！」という感じでしょうか。な、なんだってー!?


もちろん、男性も女性に対して同じような幻想をいだき、現実の彼女を恨んだりします。「愛したのはそのままの君だけ」という歌がありますが、あれは、この感情を歌ったひどい歌だと申せましょう。「そのままの君」って、いったい何なのかをよくよく考えてみると、「出会ったころの君」ということになるからです。

出会ったころ、「300の幻想」を見て「素敵な人だ！」って思った、その300が好きなだけで、それ以降の現実の彼女は一切好きじゃないと宣言しているようなものです。ロマンティックな歌に聞こえますけれども、実は、めちゃくちゃひどい歌ですよねぇ。……とまあ、実態はこうなのでありますけれども、こういった回想は、このようにぱっと見は、言葉としてはきれいに語られたりしますので、タチが悪いと申せます。

人の基本的性格はさほど大きくは変わらないのですから、出会ったころとまったく違う人間になることはない。では何が変わったかというと、外面的な見た目や振る舞いから「僕」が勝手にいだいた素敵すぎる脳内イメージが壊れただけのことです。

たしかに、相手も最初のころは、自分のことをよく見せようと演技をしていた可能性はあるでしょうけれども。

つまり、お互い、自分は相手の幻想だけを見ておきながら、相手に対しては「そのままのわたしを愛して」と言っているわけです。

そんなの、ひどいと思われるかもしれませんが、ほとんどの人がそうです。

相手は自分の幻想のとおりでいてほしいけれど、相手が自分に対して幻想をいだいているのがわかると、「わたしはそんな人間じゃないのに！」「どうしてほんとうの俺を見てくれないんだ！」「どうしてほんとうのわたしをわかってくれないの！」となってしまうのです。

プライドの高い男性がいちばん望むのはヒモになること!?

この「どうしてわかってくれないの」というのは、昔は女性が言う決めゼリフだったように思いますが、最近は「おまえ、俺のこと、ホントにわかってないよな」とか「どうして僕のことわからないんだよ！」などという男の子が増えてきているように思われます。「そのままの自分を愛してほしい」「努力もしないだめな自分を愛してほしい」という赤ちゃん病が蔓延していると申せます。

お悩み❶の回答にも書きましたように、プライドが高い人ほど、だめな自分のまま変わりたくない、そのまま愛されたいと願う。

それを敷延《ふえん》しますと、プライドの高い男性がいちばん望むのはヒモになることです。「女性に養われるなんて嫌だ!」なんて言っている人より、ある意味、ずっとプライドが高い。ヒモになって、「だらだらしているだけのすごくダメな男なのに愛してもらえるほどに、自分には愛される価値があるッ」と。これほど、プライドを満足させられる状況がありましょうか。これも、かつての私自身がそうでしたから、よくわかります。


こうしたプライドの高い男性も、最初のうちは、相手を釣りたいと思って餌をまく、つまり、演技いたします。

でも釣れたとたんにありのままの自分を受け入れさせようとして、それまでよく見せていたところを一気にやめていきます。それがものすごいスピードで変わるので相手はびっくりしてしまいますでしょう。

でもこれは、本人も意識的にやっているわけではなく、自分の潜在意識に操られているのです。ありのままの自分を受け入れさせたいなどと意識的に思っているわけではありませんので、本人にも自覚はないのでしょう。

必要なのは、自分が嫌な人間であるということにちゃんと向き合うことです。

最初は彼に対して優しくできていたのに、つき合いが進むうちに心が冷え込んで、相手の嫌な部分ばかり見えてしまうのだとしましたら、優しくできていたのは彼女の本性ではない。本性はむしろ冷たくしてしまう性質のほうにある。

この方の場合は相手を見下したりするのが本性だと申せましょう。

ところが、本人にその自覚はありません。自分では、最初のうちの相手に優しい自分が本性で、相手の嫌なところばかり見えてくるのは例外的な自分だと思っているのでしょう。ですから、相手のせいで優しいはずの自分が、例外的な嫌な自分になってしまう、と相手のことを恨んでいるのだと申せます。

文面からすると、つき合う相手には困ってこられなかったようすですので、きっと外見がいいのか、あるいは、つき合う前だけとても性格がいいように見える方なのでしょう。そのように振る舞えば、さほど外見が際立っていなくても恋い慕う男性は多いものです。

これまではチヤホヤされてきたのが、直近の彼にはじめて冷たいことを言われたということですが、それまでもなにがしかの軋轢はあったはずで、ただ本人が気づいていなかっただけのことではないでしょうか。

先に、幻想や妄想をいだきやすい御方なのではないかと書きましたが、妄想癖がある人ほど現実を認知しなくなり、多少、何か文句を言われても聞こえなかったり、自分に都合のいいように解釈していたりするものです。

まずは自分を見つめ直し、自分が実はすごく嫌な人間であるのを認めること。

飽きたらすぐ次の人に乗り換えてきたということですけれども、それは、相手の嫌な面が目についてきたというより、その人とのつき合いの中で出てきた自分の嫌な面が目についてきたという側面がありそうです。

〝ほんとうはすごく嫌な人間である自分〟と直面したくないから、そうなる前に乗り換える。一時的にときめいている間だけ、いい自分でいられる——その気持ちよさを味わうために、何回もやり直しているだけのような気もいたします。そうすることで、現実の自分を直視することをひたすら避け続けているように思われます。

つまり、30を300にも妄想しているのは、相手ではなく、自分自身だったのです。きれいな自分の幻想を見ているのです。いま悩んでいるのは、そのツケが回ってきているということだと申せましょう。

悩んでいる暇があったら、嫌な自分と直面することです。相手のよいところを探そうなんてキレイゴトはなくてもいい。と申しますか、それはとてもむずかしいと思いますので、それよりも自分の嫌なところを認めることです。そのようにして、自分の認識のパターンを変化させるよう努力なさることをお勧めいたしましょう。

合掌

［特別講義2］恋のパワーバランス

たくさん好きなほうが負け？

私たちにはナルシシスティックな煩悩があって、「世界で自分がいちばんッ」という具合に自分を愛してしまうものです。それゆえ、恋人を愛しているのではなくて、実は〝恋人に愛されて大事にされている自分を愛してる〟になってしまっていたりします。

では、あなたは、どうすればもっとも〝大事にされている感〟や〝愛されてる感〟を得ることができるのでしょうか。以下から選んでみてください。

①自分がたくさん求めて、相手がちょびっとだけ求めてくれるとき
②自分も相手もたくさん求め合うとき
③自分がちょびっとだけ求めて、相手がたくさん求めてくれるとき

優等生的に②を選ばれた方は、もしかすると、あいにく自分の深層心理がわかっていないのかもしれません。私は、人間の恐ろしい心の在り方として、無意識的に多くの人が③を望んでいるのを見てまいりました。

たとえば、「電話も会う約束も、いつもわたしからです」と不満を感じているのは、①の状態に置かれているのですけれども、彼氏にしてみると、③の状態であることがわかるでしょう。

そしてこれは、「自分はちょっとしか求めていないのに、相手が自分をたくさん求めてくれている→自分が追われている→自分がいちばん」という強い快感を発生させることになります。

そういうわけですから、仮に「彼」が、自分から連絡しなくても「彼女」から連絡をもらえるような状態にあると、その「追われている」気持ちよさを変えたくなくて、彼女を軽く扱うような態度に出たりいたします。すると、彼女は、恋のパワーバランスで〝負けている感じ〟を口惜しく思います。

かくして、「彼が好き！」というよりも「彼と競争する！」みたいになっているのです。

こんな恋のアンバランスがなぜ生じるのか、誰もが直感的にご存じのことと思います。

寂しがり屋の人ほど、寂しくて寂しくて相手を求めたくなるものですけれども、あんまり求められすぎると、相手に「この子はもう自分の手に入った」感が生じてしまいがちです。そして人の欲望は、〝まだ手に入っていない何か〟を求めるものですから、手に入った相手を積極的には求めなくなってしまうものなのです。しかも、こうして〝追う／追われる〟のアンバランスが定着しますと、追われている快感まで加わって、そこに居座りたくなりがちなものです。

この〝追う／追われる〟のアンバランスさへの対策は、大まかには二つあると思います。

一つは「好きだからいっしょにいられるだけで幸せ」と思って、「愛されたい、追われたい」という甘えをあきらめること。

もう一つは、自分ひとりでいても寂しくないように、〝ひとり〟を楽しめるタフさをつくること。

小手先のテクニックでわざとじらしてみるなんていうことではなくて、求めすぎる心が和らげば、自然にバランスは改善することでしょう。

お悩み❹

曖昧な関係に終止符を打ちたい

彼には奥さんがいるだけではなく、わたしと同じような「彼女」が何人かいるようです。彼は、「最初からおまえだけという話は誰ともしていないし、複数の異性を愛することは自然なことだ。独占的な愛情を求め、相手の幸せを制限するのは愛ではない」と言います。

会っているときの彼は優しく、二人の時間はとてもスイートです。けれども、「わたしたち、つき合ってるの？」と聞くと、「つき合うってどういうこと？」などとはぐらかされます。このまま彼との関係を続けるべきでしょうか？

（京都府　33歳　会社員）

恋愛の場面に限って哲学的で高尚なことを言う男を信用してはなりません。

「相手を独占しようと思うのはほんとうの愛ではない」という言い方は、ズルい男性の常套句として存在いたします。

一見、いかにも哲学的で高尚なことを言っているように聞こえますから頭がクラクラッとなり、言われる側が次元が低いように錯覚させられてしまうかもしれませんね。

けれども、よく考えてみれば、明らかにおかしなことを言っています。

恋愛という場面に限って、そういう偉そうなことを言う男の人にだまされてしまう女性は少なくないようですが、それは彼らが持ち出す理屈が、たいてい一見すると反論しづらい性質のもののように見えるからです。

「相手の幸せを制限しない」なんて言われると、「たしかにそうしなくっちゃ」と、うっかり思わされそうになりますから、たちが悪いと申せましょう。

「ほんとうに相手の幸せを願うんだったら、相手の好きなようにさせてあげるのが愛情ってもんだろう」と、これは、いかにも正論のように聞こえますけれども、たいてい相手にだけそれを要求して、自分は相手を束縛しようとするとか。単に都合のよいことを言っているだけだったりするものです。

そういった理論を相手に押しつけて、「相手の幸せを願うべき」と説教を垂れることそのものが、単なる自分の都合でしかなく、まさに相手の幸せを損なっている。

つまり、端的に矛盾しているのです。


けれども、そもそもよくよく考えてみますと、彼女にしてみても、「自分は、彼の幸せを願って好きなようにさせてあげよう」だなんて、彼が何をしても全部受け入れてあげられる、マリアさまのようなすごい人間なのか？　そんなの人間じゃないでしょう、というお話です。

でも、うぶな世間知らずの女の子とか、物語の世界に生きているような女性は、卑怯な男性にそういう「哲学」を語られると、「ああ素敵！」などと思って、利用されてしまうこともあるように見受けられます。

映画や漫画や小説の中の自己犠牲的な〝真実の愛の姿〟は、現実には存在いたしません。

そもそも人類という利己的な動物種には、ひたすら相手に尽くすなんてことはできません。

もちろん、短期的にはできるでしょう。そして、「こんなにいっぱい、相手にしてあげられる自分って素敵！」と、その自己犠牲感に酔うのですけれども、やがてそれが積もりに積もった時点で、必ずといっていいほど、「こんなにしてあげてるのに、なんでこんなに適当にあしらわれるの！」と、見返りがないことに対する不満を爆発させます。

ちょっと話を脱線させますと……、伝統的な少女漫画のパターンに、スポーツマンの彼と、その恋人のヒロインがいて、お互いすごく好き同士なのに、彼のことを好きな別の子がいて、彼女は彼を引き上げるだけのコネクションを持つナントカ財閥の会長の娘。そこで、ヒロインは、「わたしは彼のことがほんとうに好きだから身を引くの」とか、わけのわからないことを考えるというのがあります。

それこそ〝真実の愛の姿〟だと思いたいのかもしれませんが、ほんとうに好きだからこそ身を引くとか、そういうきれいごとは、私たち人類の実感ではありません。

ですから、そういうキャラクターになりきろうとしても、心の中に軋轢を生じます。そうした大義名分と自分の実感とのギャップに苦しむ。

私たちたちは、いい子ぶりたいときに、そういうお題目のようなものを心の中で唱えたり、周りの人から言われて納得したりしがちなものですが、腹の底からそういうことに納得することはない、と申してよいでしょう。

前にも書きましたが、現実には存在しえないからこそ、映画や漫画や小説になるのです。

〝尽くす女性〟にとっては、相手がダメであればあるほど都合がよい。

とはいえ、現実に期間限定で〝尽くす女性〟というのはいます。

でも、そういう人は、自分自身の価値を高める物語のために〝尽くす女性〟をやっているのだと申せましょう。

尽くすターゲットとしては、自分ではあんまり料理や洗濯などができない相手のほうが都合がいい。自分がいなきゃダメと思えるような相手。

極端な場合、働かない男（前の項に書いた「ヒモ」ですね）。で、「わたしが代わりに働いてあげる！」などと言ってしまう。

単に相手のことを好き、というより、あの人には自分がいなきゃダメ、という状況が好きなのです。それによって、自分はとても立派な存在だということが実感できるからです。

相手のほうが自分より仕事ができちゃったり料理ができちゃったりすると、自分の存在意義が下がる。

ゆえに、相手がダメなほうが都合がよいということです。

〝だめんず〟は、ダメな自分を正当化するために崇高な哲学を語ります。

この場合、相手の男性が汚かったり臭かったり、すごく不快な外見で、ほんとうに〝ダメ〟な場合は「素敵！」とは思えないかもしれないですけれど、ほどほどによい外見で、話がうまくてわりといいことをしゃべったり、甘い言葉を言ってくれたりするけれど、それ以外は全然ダメ。となると、彼女のナルシシズムが満たされます。いわゆる「だめんず・ウォーカー」です。

そして、こういう男性に限って哲学を掲げるのです。

ダメな自分を正当化するために。

自分が好き放題に浮気をすることで、相手を傷つけていることは自分でも知っているのだけれど、やはり自分のことを、誰かを傷つけているひどい人間だとは思いたくない。そこで、正当化できる理屈を持ち出してくる。

「自然な性欲を抑圧して一対一の関係にとどめるほうが不自然であ〜る」とか「昔の日本は一夫多妻制であった」とか、いろいろ言いようはあるものです。

そういうことをいろいろ言いながら、自分の欲望は正しいと、自分で自分を納得させているのです。

もちろん、納得しきれていないからこそ、こうやって自分に暗示をかけて納得させなければならないということ。

風俗店に行った男性が働いている女の子に向かって説教をしはじめるのもそうです。自分がまずいことをしているという後ろめたさがあればこそ、相手を説教することで、「自分は間違っていないもんね」というイメージを脳内でつくり上げているのだと申せましょう。

つまり、大義名分を語る人ほど潜在意識レベルでは罪悪感があるということなのです。

彼が好きなのではなくて、手に入らないものが好きなだけ。からだが不快状態に置かれているのを、頭が気持ちいいと妄想しているだけです。

もうひとつ付言しておきましょう。

不倫といっても、たまたま好きになった人が結婚していたことにあとから気づいた場合は別として、既婚者だともともと知っていながらつき合っている、あるいは、前につき合った人とも不倫の関係だったという場合、こういう女性は彼が好きなのではなくて、「ほかの人のものが好き、手に入らないものが好き」なだけだと申せましょう。

その証拠に、もし「奥さんと別れて！」としつこく迫った結果、彼の気持ちがだんだんこっちに向いてきてほんとうに奥さんと別れてしまって、さあ結婚しようと言われたとたん、急速に冷めてしまったりいたします。

手に入らないもの、釣れない魚に餌をやり続けるのが好きだという特殊な嗜好を持ってしまった場合、釣れたら一瞬にして熱は冷めます。

実はこれには理由があります。

誰かを好きになったとき、そして、その相手がなかなか手に入らないとき、「あぁ、あたしといっしょになってほしいのに！」と、胸の奥がきゅーっとなったり、ドキドキしたり、いつもいつも刺激を受けている状態になります。

ところが、手に入った時点で、だんだんとそのドキドキも冷め、穏やかになっていって、いっしょにいてもちっとも刺激的でなくなっていく。そういう体験を重ねるにつれ、「手に入ることは、つまらなくなるということなんだ」と学習してしまうのです。

では、つまらなくならないようにするにはどうしたらいいかと申せば、永久に絶対に手に入らないような相手を好きになることです。そうすれば、ずっとドキドキしていられます。脳にいっぱいの電気ショックを浴びせかけておくことができますからね。おや、まあ。

もちろん、そのドキドキや電子ショックは、単にからだを苦しめているだけのこと。血圧が上がって心臓のブラッドプレッシャーが上がって、横隔膜が痙攣《けいれん》して、不快物質が分泌されて、からだが不快状態に置かれているだけのことです。ところが脳は、その苦しみを気持ちいいと妄想してしまうのです。

つまり、苦しいのが気持ちいい、と条件付けされ、手に入らないものを求めることで苦しむのが好き、というパターンに陥ってしまっているのだと申せましょう。

苦しいのが気持ちいい、というのは、初恋のドキドキもそうです。でも、初恋の状態は永続しない。

ところが、不倫関係は続けることができます。ドキドキドキドキッというのをいつまでも。このケースでは、こうした精神構造を相手にうまく利用されているように感じます。

不倫に限らず、他人のものがほしくなるとか、就きにくい職業に就きたがるとか、手に入ったらすぐに飽きてしまうとか、仕事もすぐ飽きてしまうとか、そういう性質がもし自分に確認できるようでしたら、「苦しいことが気持ちいい！」という条件付けができてしまっていないかと、疑ってみることでしょう。

すべて、手に入らない恋が気持ちいいというもののバリエーションにすぎません。

最後に。

あいにくながら、彼は奥さんのこと、大好きですよ。

でも奥さんといると息が詰まるし、子どもがいたりしたら、子どものことでぶつぶつ言ってきたりされて疲れるから、栄養をくれる人のところに行って、それからまた、奥さんと子どものところに戻ろうという状況だと思います。

お悩み❷と反対のケースですね。

成就する恋愛は飽きがちになりますが、不倫は手に入らないから恋が延命されているだけ。それをほんとうの恋だと勘違いしていると、一生、不幸体質のままになります。

ドキドキよりもごくごくフツウの幸せを喜べるほうへと、生き方をシフトしたいものです。

合掌

お悩み❺

前の彼氏が忘れられません

いつか結婚するだろうと思っていた彼に、ほかの女性とデキ婚すると告白され、別れました。やり場のない怒りにさいなまれ、とても苦しいのですが、どうしても彼を忘れることができません。

いま思えば、彼はさほどわたしのことを好きではなかったのかもしれませんが、わたしはいままでつき合った中でいちばん好きで、あきらめるどころか彼への思いが強くなってしまいます。頭では最低な男だとわかっているのですが、気持ちは彼に会いたくてしかたありません。別れた日から心が晴れたことはなく、いつもどんよりしています。

この苦しみから逃れるにはどうしたらいいのでしょうか？

（福岡県　32歳　会社員）

手に入れられなかったものを忘れるのは、誰にとってもとてもむずかしいことです。

これは、なかなかむずかしい問題です。ものすごく好きな人と別れるときは、私も苦しんだものでしたからねぇ。いやはや。

彼は自分のことをあんまり好きではなかったということですが、そうだとしますと、お悩み❹でも申し上げた「手に入りにくいもの」を求めてからだが苦しんでいるようすを、脳が気持ちいいと妄想しているケースの別バージョンだとも申せましょう。

なぜなら、自分のことをあんまり求めてくれていない人を、私たちは、「とても手に入りにくいもの、いっしょにいても手の届かない存在だ、ゆえに高い価値がある！」と認識いたしますから。

「高嶺の花」というのは、一般的には女性を形容するときに使われる言葉ですけれど、相手が男性であっても同様の心理現象が生じます。

私たちは、対象が手の届かない高嶺の花のように感じられるほど、それがとっても素敵なもののように思えたり、それを欲しいと感じたりするものです。

ですから、高嶺の花のときはすごく欲しいと思っても、実際その高嶺に登って花をとって下りてきたら、実はそうでもなかったという可能性は高いのだと申せましょう。

人間の世間知として「逃した魚は大きい」という言い方がありますけれども、それは真理の一端を突いています。逃がして手に入らなかった分、相手が実際よりも素敵なものに感じられるのです。

ならば彼を忘れるために、彼の嫌なところばかりを思い起こしてみればいいかと申しますと、おそらくそのような努力はたいして役には立たないことでしょう。

妄想で大きくなった「理想の彼」はなかなか手放せないものですからね。

もし彼のことをよく知っていて変に理想化してしまうほどの妄想はなく、ただ好きなんだけど別れてしまって未練がある、ということでしたら、悪いところもちゃんと思い出すことができて客観視できるかもしれません。が、「とてもいい相手だった」という幻想しか見えていなかったとすれば、そもそも悪いところが思い出せないことでしょう。

そんなときはいっそ、彼のことを思い出す情報に触れるきっかけを減らすこと。たとえばいっしょに行った場所とか、いっしょに聴いた音楽とか、買ってもらったものとか、ちょっとでも彼のことを思い出すきっかけがあると、たちまち頭の中で理想的に祭り上げられた彼を再生するスイッチが入ってしまうものと思われます。

そういう意味では、彼との思い出はすべて捨ててしまうのがよろしいでしょう。メールも削除してしまうほうが安全です。

彼のことでこれ以上、ドーパミンが発射されないようにいたします。

なぜかと申しますと、これには、快感の情報を脳内で伝達するドーパミンが関係しているからです。

何かを手に入れたいと思ったときと、それを手に入れたとき、脳内でドーパミンが発射され、神経細胞の受容体に働きかけて、「快感だーッ」と感じます。ただし、手に入ってしまうと、受容体がドーパミンを受け取るのに慣れてしまうので、同じ量のドーパミンを受けても、「気持ちいい」と感じる度合いが少なくなってしまう。その結果として、気持ちよさを感じなくなって、「足りない」というつまらない状態になっていきます。

こうして、人は、どんな熱い恋をしていても、通常は慣れて（飽きて）いくものです。

ただし、彼を手に入れたという獲得感がない場合は、慣れるということが生じない。そこで、何かを「欲しい！」と思うときのドーパミンが継続して出つつ、いつまでも「欲しい！」と思わされ続けるのです。

しかもこのときは、同じドーパミンの作用でも、不快を感じる方向へと向かう。ドーパミンによって前頭前野がピリピリと刺激されて、不快で苦しいというように認識されています。彼のことをちょっとでも思い出す情報に触れてしまうと、ドーパミンを出すというスイッチが入ってしまい、前頭前野がピリピリ刺激されて苦しくなってしまうのです。

したがって、彼を忘れるためには、その回路にスイッチが入らない状況を長い間つくるというのが必要かなと思われます。

ドーパミンの連射による〝脳内恋愛〟をできる限り避けるのが、仏教的に見た、恋愛を長続きさせる秘訣です。

実はこのドーパミンの仕組みは、今回のケースのように振られた相手を忘れられないという場合に限ったことではなく、関係がうまくいっているときでも、それを思い出してニヤニヤしていたりすると、だんだんドーパミンによって恋愛するみたいな感じになっていくことがあります。いわば、脳内恋愛とでも申すべき状態です。

つねに、どんどん新しい刺激を求めて、「もっともっと」となってしまう。最初はよくても、すぐに慣れてしまうので、同じ量のドーパミンが発射されても、それでは足りない、だんだん気持ちよくなくなってしまうからです。

そして、この「気持ちよくなくなる」というのを神経的レベルでは、「苦しい」と感じてしまう。

心理的に申せば、なぜか寂しくなるとか不安になるという状態を必ずもたらします。

つまり、こうされたいとか、これを手に入れたいとか、こういうふうにしたいという目標設定に基づいて恋愛すると、目標を達成したときは気持ちよくても、そのあとで、じんわり不幸になります。そうなる仕組みになっているのです。

わがままな自分の思いが実現しているときはたしかにハッピーなのですが、喜ぶとドーパミンが出て、その快感物質の効き目が切れたあとで必ず、不安な気分や物足りなさがやってくるのです。

ですから、楽しいデートのあと、家に帰って何回も反芻したりなんかしたら、それは自分でのちのち不幸になるための準備をしているようなものとも申せます。

したがって、なるべくその一回一回を、「あーよかったなー」と、そのときその場で噛みしめて忘れていく、というのが、仏教的に見た良い恋愛を長く続けるための秘訣だと申せましょう。

彼のことが忘れられないというのは、彼のことを思い出すきっかけとなる事物に心がアクセスしてしまうたびにドーパミンの回路が活性化して、「手に入ってないから獲得したい」というかたちで自分を苦しめてしまっているわけですけれども、しばらくの間、彼のことを思い出さない状況をつくってあげれば、ほかのことでドーパミンが発射される機会が増えてまいります。仕事のこととか、おいしい食事とか、友だちのこととか。別の男性のことというのもあるでしょう。

そのようにして、彼以外のことでドーパミンが発射されることが増えてまいりますと、脳が「彼のことを通じてものすごいドーパミンが出されてたから、彼のことばかり繰り返してたけど、別のことでもドーパミン出るよね！」となって、だんだん彼のことが薄れていきます。


ただし、このプロセスの最中で、「もうそろそろだいじょうぶかな」と、彼のことを思い出してしまうと、また「手に入らない！」というドーパミン回路が再活性化されてしまうのでご用心。

これは、いわばある種の中毒のようなものですので、麻薬中毒者を麻薬から引き離してやるために、手錠でもかけて部屋に隔離するくらいしなきゃいけなかったりするのと同じレベルで行わないと、むずかしいかもしれません。

となると、いままでの日常から自分を完全に切断して、遠くへしばらく旅に出る失恋旅行なんかも、それなりに効用があるかもしれませんねぇ。

合掌

手に入らないから、好き

私の友人に、恋人と会う約束をするときは熱心に誘うわりに、会う約束ができると安心するのか、ドタンバでキャンセルする癖のある女性がいます。

恋人と会いたくてメールで誘ってみる。そして相手から「うん、今週末に会おう」と返信がきた時点で満足して、なんだかもう会わなくてもいいような気がしてくるようなのです。そのような経験をしたことはないでしょうか？

相手に会いたくて会いたくてしかたがないときのポイントは、「もしかしたら会えないかも……」という不安感や欠落感です。不安だから欲しくなる。この場合、「会おう」と約束が成立した時点で、欲しいものがすでにもう手に入ったような気になりますので、もはや、そんなに欲しくはなくなるのです。

それはたとえるなら、「同じ果物でも、たくさん穫《と》れると簡単に手に入るので価値が下がり、ちょっとしか穫れないと手に入りにくいので、みなが欲しがり価値が上がる」のにも似ています。

この「手に入るもの＝安い」「手に入らないもの＝高い」というのは、私たちの心に仕掛けられた大いなる罠です。

と申しますのは、恋人とつき合う前は、「手に入っていない」ので相手のことをとっても欲しくなりますけれども、つき合いはじめてからだの関係を持ち、「あ、この人は手に入ったな」とか思いはじめた時点で、急速に相手のことが安っぽく見えてきて、つまらなくなってしまうのですから。

この罠を回避するために、しばしば次のような小手先のテクニックを使おうとする人たちもいます。それは、「自分を手に入ったと思われないために、わざと態度を曖昧にしたり、わざと会わないようにしたり、からだを求められてもわざと断って焦《じ》らしたりしましょう」というもの。

このようにして相手の「手に入れたい」という欲望をかき立てることに成功すれば、いろいろ優しくしてもらえたり、プレゼントがもらえたり、といった風情に、いわば自分を高く売りつけることができるかもしれません。

けれどもこの手の作戦は、相手の「手に入らないから、欲しい」という欲望に火をつけて、いわば身売り（精神的売春！）しているだけで、決して自分自身の性格や現実《ありのまま》を愛してもらえるわけではないため、むなしく浅ましいものとなります。

結局のところ、「手に入らないほど欲しくなる」という欲望の仕組みそのものに問題があると申せます。欲望にとらわれている以上は、私たちは「思いどおりにならず苦しい、から、欲しくなる相手」か、「思いどおりになって手に入っている、から、つまらない相手」のどちらかとしかつき合えないことになり、それってどっちにしても不幸せですから。

そういうわけで、手に入ったと感じて〝欲〟が消えたのちも、〝欲〟抜きで前と変わらず恋の相手を大事にしてあげられるかどうかが、ひとつの試金石となることでしょう。

その裏側では、「自分は〝欲〟抜きで愛してもらえているのかどうか」というのが私たちの心を不安にさせて、相手を試したくなることもあるでしょう。それが〝欲〟です。その〝欲〟が相手の心を疲れさせます。

そういった〝欲〟抜きでいられることが、二人の関係を長続きさせてくれるのだと申せましょう。

お悩み❻

彼の気持ちを取り戻したい

最近、彼とのケンカが絶えません。昔は謝ってくれていた彼も最近では、「面倒くさい」という態度をとることが増え、ケンカの元となったことは解決しないまま、面倒だからうやむやにする感じで、ケンカするたびに彼の気持ちが遠のいていくのを感じています。

昔は仲直りしたらきつく抱き合って愛を確かめ合うような感じでしたが、最近はかたちだけそうしてる感じです。ケンカしたくないけれど、彼のいいかげんなところや心ない発言がイヤなことはわかってもらいたいので、口に出さずにいられず、口に出すとケンカにしかなりません。怒ってもむなしいだけです。

どうすれば彼の気持ちを取り戻すことができますか？

（神奈川県　30歳　公務員）

恋愛が勝負事になってしまっていては、取り戻したいと思っても、おそらく、それは無理でしょう。

ん、んー。あいにく「ケンカしたくない」というのは錯覚で、心の奥では、「ケンカをしたい」のです。なぜなら、記されておられますように、かつては、

①ケンカする
↓
②仲直りする
↓
③きつく抱き合って愛を確かめ合う

というパターンがあったのでしょう。

「いったんケンカをして不安定な状態をわざとつくり出し、仲直りという安定を手に入

れ直すことでカタルシスを得、気持ちよくなって愛を確かめ、安心。メデタシメデタシ」という快楽が心に刷り込まれて、それを反復する欲望に支配されているのです。

まずは、その中毒症状を自覚してみましょう。

そして次に、「自分が何をイヤだと思っているのかをわかってもらいたい」という気持ちについては、よくわかります。相手の態度や言い方とかが気に食わないとき、自分が相手の都合のよいようにされているように感じられて、悔しい。自分が彼に負けているように感じるのが不快なのです。

ゆえに、その不快感を相手にわからせて、相手を反省させ、態度を変えさせることで、逆転したい。つまり、彼に勝ちたくなっているのです。

それにしましても、恋愛というのは、お互いを世界でいちばん大事な存在として扱う素敵な関係性のはずなのに、あるときから突如、このように「勝負」のような感じになってきてしまうところがあるように思われます。

自分の言い分を相手に認めさせて勝ちたいとか、自分が相手にしてあげた量よりも向こうからたくさんしてもらって精神的に勝っていたいとか、そういう勝負事みたいな雰囲気。恋愛の相手が競争相手みたいになってしまうのです。ガビーン。

たとえば、「あなたのやりたいこと、それはイヤ」「あなたの聴きたい音楽、それはイヤ」「あなたがいっしょに観に行こうという映画、それはイヤ」「あなたの部屋の片づけ方、それはイヤ」という感じのことを言っているのだとしましたら、それは単に、自分がイヤだと思っていることをわかってもらいたいという気持ちだけではなくて、そこには、「わたしはイヤなんだから、もし、わたしのことを大事に思ってるんだったら、わたしの思うとおりにしなさい！」という支配欲があります。

相手のやりたいことをやめさせて、自分のしたいことに染めたいという支配欲。

染物職人！

相手を染めようとする衝動です。

「自分色に染めたい」という支配欲の極致です。

これでは、彼からしましたら、「あなたのやりたいことをしてはいけません！」と言われているのと同じことです。

この「染めたい」という欲求は男性にも女性にもありますが、どちらかというと男性のほうに多く、女性を自分色に染めたいという根強い衝動があります。

かつては、それが男らしさであるみたいな時代もありました。

我が国の古典『源氏物語』の光源氏の話なんて、「とてもかわいくて将来は美人になりそうな子どもを見つけた！　子どもだったら自分の色に染められそうだぞ、しめしめ」という思惑で、まだ幼かった紫の上に自分好みの教育をして育てて、奥さんにするわけですから、まさに支配欲の極致のお話です。

それも、藤壺へのかなわぬ恋というコンプレックスから、さまざまな恋愛遍歴を重ねて、支配欲を増していく。それが、人々に好まれて千年読み継がれるベストセラーとなっているわけですから、誰しも多かれ少なかれ、相手を「染めたい」と思っている証拠とも申せましょう。

彼を支配したいという欲求を強く持っておられるようですけれども、あいにく一般的には小心者である男性のほうが、女性よりも強く支配欲を持っているものでありまして、その分、女性から支配されるなんて、すごく嫌なはずです。

ですからそこが変わらない限り、彼の気持ちを取り戻すのはおそらく無理だと申さざるを得ません。

彼を支配したいのか？
それともただ自分を理解してほしいだけなのか？
勝負はやめて、弱みを見せてみたら？

そしてもうひとつ。

彼に自分の不快感をわかってもらいたいと強く思っておられるのでしょうけれども、それは言い換えると、彼は自分のことをよくわかってくれていないんじゃないか、「わたしはそういうのをイヤだと思ってるのッ」っていうことをわかってくれていないんじゃないかとか、「自分がこうしたい」ということをちゃんとわかって受けとめてくれていないんじゃないかとか、いろいろと、わかってもらえていないことに対する不安を強くお持ちだということでしょう。

心の叫びとして求めておられますのは〝彼にわかってもらうこと〟なんですけれども、実際はわかってもらう努力をする代わりに〝責める〟ということをしているんですね。


でも、怒りに対しては怒りが返ってくるのが当然です。

彼のほうは、「彼女は、彼女自身の気持ちを理解してもらいたいから、怒りのかたちで伝えているんだ」なんて、絶対に理解できない。

自分がやりたいようにしていることを怒りによって否定され、支配されそうになっている、自分に染める染料を投げつけてきているみたいな印象を受けていることでしょう。


ですから、もしほんとうにわかってもらいたいと思うのでしたら、やり方を変えたほうがよいのです。

「それをされるとわたし、悲しいの」とか、「わたしはその音楽好きじゃないのに、いっしょにいるときにあなたはずっとそれを流しているから、なんか大事にされてない気がして悲しいの……わかって～」などと、憎めない、かわいらしい風情で言ってみたらいかがでしょうか。「ごめんね、じゃあ、この音楽かけるのやめるよ」となるかもしれません。「傷ついてるの」「あなたにちゃんとわかってもらいたいの」と、ある種、自分の弱みを見せるのです。

弱みを見せるというのは、先ほどの勝負という観点からするととてもむずかしいことではありましょう。自分を強くしたい、自分の値段をつり上げたいがゆえに戦いたくなるのですから。

でも、そのせいで欲しいはずのものが手に入らないのだとしたら、実際、傷ついているというのをさらけ出して、それを相手がわかってくれてケアしたくなるような方向にもっていったほうがよろしいのではありませんか？

男性と女性が対等に渡り合うようになった昨今、平等というのは結構なことではあるのですけれども、女性が、〝可憐な女性〟というか弱い役割を分担することで、男性に「守ってあげたい！」という役割を分担させてあげることをしなくなるなら、男女関係とは、なかなかうまくいかなくなるものだと思うのです。

そうやって、こちらの弱さを理解してもらったのちも、さらに追い打ちをかけようというほどには、人は極悪非道ではないものですので、気持ちも通じるかと思われます。

ただし、伝えるときは、傷ついていることを溜め込みすぎてしまってからではないほうがよろしいでしょう。そんなときはいきおい、爆発して、怒りというかたちになってしまいがちですからね。

かといって、何か気になることがあったその瞬間も避けたほうがいい。どうしても、とげとげしい感じになってしまいがちで、かわいらしい風情にはなりにくいものですから。二、三日経ってから、「一昨日のね、あのとき言われた言葉、悲しかったの～」などと言ってみるのが、ほどよく可憐（？）でよろしいでしょう。

私たちは、ただ、好きな相手に自分をわかってほしい、大事にしてほしいと思っているだけでありますのに、実際には、相手がそうとはわかりにくくなるような行動をとってしまいがちです。

ほんとうは傷ついているだけなのに、それを怒りとかお説教とか、「こうすべきなのに、なんであなたはそれができないの！」といった強い感じ、アグレッシブな感じで相手にぶつけてしまいます。

プライドのせいで、相手が恋人であってもつい勝負したくなってしまって、そのために、いつのまにか弱みを見せなくなってしまうのです。

自分自身の「悲しいな〜」という本音のところをちゃんとつかんでやって、傷ついているのを自分で癒やしてあげるつもりで動くことが肝要、ということですね。

今回の話をひとことでまとめますと、「恋人を勝負の競争相手にしちゃったら恋が台無しになりますよ。勝負じゃなくて、長くいっしょに伴走していけるように気をつけましょう」という感じでしょうか。

合掌

お悩み❼

わたしのほうがたくさん好きで苦しい

つき合って一年半の彼氏がいます。もともとわたしのほうが好きで、半ば自分から告白するかたちでつき合いはじめたのですが、わたしのほうが好きな状況は変わらず、ヘンな言い方ですが、わたしのほうが弱い立場のままです。

浮気をされたとか、ひどいことをされたわけではないのですが、彼のほうから会いたいということもなく、彼のほうからキスしてくることもありません。わたしから誘わなければ、まったく会わなくなるような気さえします。

ときどき自分がとてもみじめな気分になります。好きな人とつき合えたのに不安でしかたありません。わたしから冷たくしたり、突き放したりしたほうがいいのでしょうか?

（静岡県　28歳　看護師）

恋愛を勝ち負けの場とするのは、ドーパミンの回路に絡めとられてしまうことです。

文面から、「最初は自分のほうが好きの度合いは強かったけれど、つき合っているうちに同じくらいか、もしくは自分が勝つくらいになる予定だった！　絶対そうしてみせる、そうじゃなかったらむかつく！」という気持ちでおられることが伝わってまいります。❻の場合と同様、残念ながら、自分のほうが勝っていたいという気持ちがちらちらと見え隠れしているように思われます。

なおかつ、「ヘンな言い方ですが、わたしのほうが弱い立場です」と記されているように、自分が勝ち負けにこだわっていることに微妙な罪悪感を覚え、それを真正面から自覚したくないお気持ちも透けて見えてくるようです。

こうした恋のパワーバランスが気になる気持ちは、多かれ少なかれ誰にでもあるものです。が、寂しい度合いが強い人ほど、寂しさを紛らすために、「自分はこんなに愛されているからだいじょうぶだもん！」と思いたくなるもの。それゆえ、愛されていないと気がすまないという衝動が強まる傾向があります。

そして、愛されているのを実感できる基準というのは、〝自分が相手を好きな度合い〟よりも〝相手が自分を好きな度合い〟のほうが強いということ。

その差し引きの差額分が大きいほど、自分は愛されている、価値ある存在だという高慢さを満たすことができます。

それゆえ、「相手からいつも求められていて、大事に大事に庇護されていたい。自分から求めるのはイヤッ」という思考になるのです。

この庇護されているという感覚と申しますのは、自分から求めなくてもママやパパがすこぶるかまってくれる、かわいがってくれる、それをいつまでも続けていたい、というような幼児期の衝動とだいたい結びついております。

そういうかたちでの〝愛されたい衝動〟があまりに強くなってまいりますと、彼を求めるんじゃなくてパパを求めるみたいな感じになっていってしまうものです。

ただ、彼のほうから誘ってもこないというのは、彼の側にも強い立場でいたいという気持ちがあるのかもしれません。

基本的に、愛情のシーソーゲームで、〝勝っている〟状態っていうのは気持ちのいいものです。意識的にせよ無意識的にせよ、「自分が求めるのではなくて求められている……ってことは、自分はとても商品価値が高いッ」という快感を味わえますからね。

ひょっとしたら、彼は、お悩み❶のケースでお話しした草食系男子なのでしょうか。自分がより愛されていて、より求められているということがとても気持ちいいので、自分から求めることをしなくなっているという可能性もあろうかとも思われます。

となりますと、相談に記しておられますように、「冷たくしたり、突き放したりする」ことも少しは役に立つかもしれません。

ん、んー。けれども、冷たくするとか突き放すとか、とても攻撃的ですね。そもそも、ある意味、相手を勝負相手のように見ているから、そういう発想が出てくるのでしょう。

まず、そういった発想で恋をしても小細工にはまって疲れるだけで、よい恋愛にはなりません。すでに記しましたように、そもそも勝ちたいという発想が自分を不幸にしていくやり方なのですから。

大事なのは、小細工ではなくて、自分の心そのものを変えてみることです。

「彼のことを欲しいよーッ」と思っているのに、思っていないフリをしてもツライだけ。ならば実際に、自分から「欲しい、欲しい」となっているのを少し減らせるようにするとよいのです。彼のことを、いろいろある生活の一部くらいの温度感で考えることができたら理想的でしょう。

具体的には、男友だちを増やすという作戦なんかが単純に役に立つと思います。浮気をするという意味ではなくて、「こういう男の子たちにそれなりに大事にされているな」という感覚を持てていると、「足りない足りない」という渇望がほかのことで満たされるので、その分彼に対して求めすぎないでいられるからです。

彼だけから〝電源〟をとろうとせずに、友だち、仕事、家族、趣味などから万遍なく電源をとって、いわば〝タコ足配線〟にする。

まあ、この方法も、あくまでも応急処置のごまかしでして、完全にドーパミン原理に絡めとられておりますから、抜本的な解決にはなりませんけれども。

ドーパミンの麻薬の力を借りないことによって、幸福感を得ることができます。

では、根本的な対策は何か？

まず最初に、先述のように欲望はどんどん膨張して貪欲になっていくという原理を持っていることを理解いたしましょう。

たとえば、食事にしても、最初は自然に食事を楽しむものであったのが、あまりに食べることが大好きになりすぎますと、いつのまにか、食べても食べてもイマイチ満足できず、食べすぎるということが起こりがちです。

執着、すなわちパターン化が生じた結果として、ドーパミンを受けとる神経細胞の受容体に慣れが生じて、快感そのものに不感症的になってくるのです。

そうなってまいりますと、食事をしても、食べすぎて精神的な空腹感は増し、かえって寂しくなったり、食べたのに不安になってきたりと、しだいにコントロール不能になってまいります。

スポーツでも、金メダルを目指してがんばっているうちはよかったのだけれど、いざメダルをとってしまったあとにむなしくなってしまったという話をよく聞きます。

金メダルを獲得した、じゃあその次の目標は？　となっていくなかで、必然的に寂しさを引き寄せてしまう。あまりお薦めできる回路ではありません。

これは、目標達成に生き甲斐を感じて、バリバリがんばっているキャリアウーマンにもよく見られるようです。彼女たちの場合は、いざ恋愛となりましても、無意識的にその同じ目標達成回路を使いまわす結果として、恋の相手との勝ち負けみたいになってしまうのかもしれません。

いうまでもなく、この〝回路〟は、ドーパミンと大いに関連しています。

ドーパミンがどういうときに出るのかと申しますと、純粋に何かを「したい」というよりも、「ないから欲しい！」という感じのときです。いったん発動させてしまうと、どんどんどんどん「欲しい！」が高まります。

たとえば、「ごはんがないから欲しい」と思ったとき、冷蔵庫からとってくればすぐ手に入るというケースではそんなにドーパミンは出ないんですけれど、ものすごい飢餓状態に置かれていて、ごはんが全然手に入らない、ものすごく苦しいという状況をつくって、その状態で「欲しい」と思うと、とてもたくさんドーパミンが出て、ものすごく苦しくなります。

そして、その状態でアンパンか何かがぽーんとどこかから飛んできたりすると、ものすごい快感が得られます。苦しかった分、大量のドーパミンが出ます。

ギャップが激しいほど苦しみから解放されたときのドーパミンの量は増えますから、そういう意味では、アップダウンが激しい泥沼の恋愛ほど、快感は大きくなります。

恋愛に限らず、パズルやコンピュータのゲームなどでも、あまり簡単すぎるものは、苦しい時間が少ないのでつまらないし、かといってむずかしすぎて絶対解けない問題というのも、解放の瞬間が訪れないのでこれまたつまらない。適度にむずかしいけれど、たいていの人が一応解ける問題というものに人気があります。

このように、ゲームというのは、〝苦痛〟と〝苦痛からの解放〟を延々と繰り返すことによって快感を得るツールですから、子どもにゲームをやらせて、苦痛とそこからの解放という趣味を身につけさせるのは好ましくありません。

そういう意味では、スポーツも得点を競うようなものをやらせるよりは、マラソンの練習とか水泳の練習とか、それも勝負させずに自分のペースで行わせるのが、子どもの発育にとってはいいと思います（これは余談でありました）。

では、このドーパミンの回路に陥らないようにするにはどうすればいいか？

誰でもできそうなことを申しますと、朝のうちから、恋人に関してドーパミンが出て欲望にかられるような情報には触れないことが、役立つでしょう。

朝起きて一時間くらいは、彼からのメールをチェックしたり電話したりするようなことをせずに、穏やかな神経回路を活性化するようにいたします。すると、ドーパミンの麻薬が多少なりとも抜けて、安定感のある一日を始めることがかないます。

あるいは、ある日は、一日、彼とのことは思い出さずに、まったくほかのことに打ち込めるような日をつくってみて、麻薬抜きをしてみるのもよいものです。
そのあとでメールを見れば、心が落ちついている分、ドーパミンに支配されて一喜一憂したりせずにすむことでしょう。

そして、その恋愛が続いていること自体、好きな人といられること自体を幸せだなと感じるようにしてみることが大事でしょう。
「自分が愛されているのじゃなきゃイヤ!」という幼児性を薄めるべく、「いっしょにいられるだけでも希有な、素敵なことなんだから、精いっぱい愛しましょうとも」と、勇気を出してみるのです。いわば、「愛されたい」から「愛します」へ。

彼の側から積極的にアプローチしてもらえないとはいえ、実際、彼に触れることやいっしょに食事をしたり寝たりできているのでしょう?
彼とつき合う前、かつて願ったものが、部分的には手に入っているのです。「愛します」という視点から、その現実を味わい直してみることをお勧めいたしましょう。

合掌

相手を振り回すのも、感じてるフリをするのも、権力欲の暴走

「恋」と「権力欲」は、一見全く異なるもののように見えるかもしれませんが、実は、密接な共犯関係にあります。

自分に恋してくれる人に対しては、あなたの言うことなすことのひとつひとつが、強烈な影響を与えます。すなわち、恋の魔力のなせるワザ。

「自分が愛の言葉をささやいただけで、相手がとても幸せそうに顔を輝かせる」とか「自分がちょっと拗《す》ねてみせるだけで、相手がとっても困ってオロオロしてくれる」のを見て、誰もがうれしく思うもの。

これ、「自分が相手を圧倒的に支配できる魅力を持っている」という支配欲＝権力欲でなくして何なのでしょう。


人間、ほんとうのほんとに好きになってしまった相手からは、圧倒的に影響されてしまうもの、ということをもとにして、恋愛ではいきおい「自分がどれだけ好かれているか」を確かめる

ために、「自分の行動や言葉が相手にどれだけ影響力をふるっているか」を調べたくなりがちです。

だからこそ、プレゼントをしてあげたり、ごはんをつくってあげたりしても、相手がそんなに喜んでくれなかったりすると、とてもガッカリしたり腹が立ったりするのです。権力欲がくじかれてしまうがゆえのことです。

あるいは、ついついキツイ言葉をぶつけたり、「もういいっ」と拗ねてみたくなるのも同じです。それによって、どれくらい相手が動揺するかを知りたいという、支配と権力の欲望に引きずられてやってしまうことだったりいたします。

そしてまた、ちょっと視点を変えてみますと……、性行為《セックス》において私たち男性が一般に、感じやすい女性を「カワイイ」「魅力的」と感じる理由もまた、権力欲によるもののように思われます。

なぜなら、自分が少し触ったり動いたりしただけで女の子が感じているのがわかると、男性は「自分が、この子に影響力をふるって、感じさせているんだ」と思えますからね。言い方を換えると、自信が得られるから。

ただこれは、よくよく考えてみればおかしな話で、その子が感じているのが単に「感じやすいから」なら、男性の影響力はむしろ無関係になるはずなのですが……。

ともあれ、そんな権力欲ゆえに男性は、感じてくれない子に対してはプライドが傷ついたり自信を失ったりするってことを、多くの女性はなんとなくわかっているようです。それゆえ、気持ちよくないのに無理して感じているフリをしてしまっている女性もたくさんいる、と漏れ聞きます。

こうして、恋人を振り回して拗ねたくなるのも、感じてなくても感じているフリをしなきゃいけなくなるのも、権力欲の暴走ゆえのこと。

恋のバランスが崩れそうになるたびに、それに気づいて、素直な自分に戻る練習をしていきたいものです。

お悩み❽

夫より好きな人ができました

彼こそが運命の人という男性に出会ってしまいました。去年、入社してきた職場の同僚です。仕事ができて尊敬できるだけでなく、考え方がとても似ていて、いっしょにいるとほんとうに楽しくて、時間が経つのを忘れるくらい。

もしお互いに独身なら、絶対結婚していたと思うのですが、わたしも相手も既婚者です。夫のことは家族として好きですが、彼を想うような強い気持ちはありません。

彼も奥さんを女性としては見ていない関係らしく、わたしたちはお互いに惹かれ合っていると思うのですが、ほんとうのところはわかりません。彼が結婚しようと言ってくれたら、夫と離婚して彼を選ぶと思うのですが、彼からはそういう発言はありません。

夫と彼、どちらを選べばいいですか？

（埼玉県　36歳　会社員）

だいじょうぶです。
結婚しようとは永久に言われませんから。

ん、んー。選べばいいですかというご質問自体が、少々先走りしすぎておられるように思われます。〝選ぶ〟なんていう段階にはまだ至っていません。

どうやらたっぷり妄想してしまわれているようです。

「彼も奥さんを女性としては見ていない関係らしく」という推測は、彼の発言を基にしたものではあるかもしれないですけれど、それは、気のある相手にアプローチをするときに、既婚男性が相手のつけ入る隙をわざとつくるためによく言うセリフですから、確証はありません。

自分の家庭は壊したくないけれど、新しい女性をゲットする技として、「あくまでも女の子としては君のことが好き。自分の家内は家族であって女ではないから勝負の対象にならないから、別れなくてもいいでしょ」という、いい、い、い、い、い、い、い、むしろ現状を維持するために使われる言葉だと思っておいたほうがよろしいでしょう。

男性としては、浮気相手に、「奥さんを女として見てないってことは別れたいんじゃないかな、別れてこっちへ来てくれるんじゃないかな」という期待をさせつつ、奥さんとは別れない、というのを伝えたいときに使う常套句だと申せましょう。

「からだの関係を持ちたい異性はあなた（ですけど、いっしょに家庭を持ちたい人としていちばん好きなのは奥さんですよ）」と、本音のところはカッコに入れられて暗号化されているのですが、その暗号を解けず自分にとって都合のいい妄想だけを勝手に脳内加工して脳内生活を送ってしまっている、という状態ではなかろうかと推察いたします。

不倫でなくても、つき合いはじめに相手の気を引くために、「きみといるといちばん落ち着く」とか「きみになら本音がしゃべれる」といった、ある意味、〝きみ〟の特別感を演出してあげて自尊心をくすぐることはよくあります。

それは、相手のナルシシズムを刺激することで、一般にモテる男性の常套手段です。言われた女性は、「ああ、わたしだけ！　わたしってすごい！　自分って素敵！」と思えてしまうので、うっかり詐欺師の術中にはまってしまうという寸法です。トホホー。

で、そうして術中にはまってしまった結果として、「結婚しようって言われたら、どっちを選ぼう⁉」という妄想に至ってしまっているのですが、ご安心ください、言われないですから。絶対言われないですから、どうぞ旦那さんのほうを選んで、あらためて大事にしてさしあげることです。

妄想よりも、いまあるものを大切にすることでしょう。

さて、もし相手が悪い男で、彼女をキープするために、ふだんは優しくせずに精神的な飢餓状態にして、ときどき少しだけ優しくするっていうのを繰り返してまいりますと、彼女は「愛されてるのかも！」と妄想し続けることとなります。

ただ、その妄想はずーっとは続きません。あるときまでは飢餓状態からの妄想状態が続きますが、その苦しさが臨界点を超えると、もう苦しすぎるからイヤだ！となる。すると、彼への想いが憎しみに変わります。この瞬間がいつか必ずやってまいります。

するとどうなるかと申しますと、あるとき、彼といると、プライドが傷つきすぎるから、もういっしょにいたくなくなる。彼が、回避行動をとりたい対象として、いわば反転してしまうのです。まあ、熱が冷めると申しましょうか。

万が一、その浮気相手の彼をゲットできて結婚できたとしても、そういう相手といっしょにいると、興奮のほうは得られるかもしれませんが、いま旦那さんとの間で得られている、安心していっしょに過ごせるとか、そういう幸せは壊れてしまうことでしょう。

ですから、家族として旦那さんのことを好きだと思えていて、あんまり気を遣わなくてすむ、いっしょにいてリラックスできる関係として定着しているのであれば、そちらを大事にしたほうがいい。いつか老人になったときに、きっと「あぁ、いっしょにいてよかった」と思える相手として旦那さんを再発見できますから。

いまはこういう安定した家族関係にあるので、それをベースに「もっとほかのものも欲しい！」と思っておられるのでしょう。けれども、いざほかのものが手に入って、いま持っている安定した生活が壊れてしまったら、今度はきっと安定した家庭が欲しかったとか、あのとき旦那さんと実は幸せだった、なくして損した、と思われることでしょう。「逃した魚は大きい」から。こちらのほうが絶対に大きな後悔となると思います。どっちも欲しいと思っても無理なのですから、いまあるものを大事になさることです。

それにしても不思議なのは、旦那さんの気持ちが冷めてしまう可能性や旦那さんの側から離婚を突きつけられるリスクを、まったく考えておられなさそうなこと。旦那さんを、獲得したもの、完全に自分の所有物とみなしてしまっているからでしょうか。

完全に釣った魚として、それ以上愛してあげるとか、大事にしてあげるとか、気を遣ってあげるとか、そういう対象としては見られなくなっているように思われます。

自分がいまの結婚生活に、どこか満たされていない感じを持っているとしたら、これは関係の問題ですから、相手も苦しいはず。旦那さんもまた同じように満たされない思いを持っておられる可能性は大いにありましょう。

浮気相手の発言にしましても、冷静に分析すれば相手からいいように弄ばれているとわかるはずのことを、都合よく解釈してしまっているわけですから、うまくいっていると思い込んでおられる旦那さんとの関係も、実は、適当に都合よく解釈しておられるだけなのかもしれません。

すなわち、いまいちばん必要なのは、旦那さんが何を考え、どんな気持ちでいるのかを彼の行動や言葉などから見つめてみること。自分にとっていちばん大事なはずのその関係を丁寧に修復してあげることだと申せましょう。

合掌

異性の友だちから告白されたら

「せっかくいい友だちだと思っていたのに、男友だちから告白されたとたんに、彼のことを気持ち悪いと思うようになりました。それから友人関係がギクシャクして……」

以前、こんな相談を受けたことがありました。異性として好きじゃない相手から告白されたときの典型的パターンのひとつと申せましょう。

これも含めて、こんなときの人の反応は、煩悩のタイプによって3パターンに分かれるように思われます。

一つめは、「この人のこと、いままで異性として見ていなかったけれど、自分のことを好きになってくれるなんてうれしい。自分も実はこの人のことを好きかも……」というパターン。

他人から愛されることに飢えていると、ちょっと好意を持たれただけでつい好きになってしまう。これは、相手自身のことが好きなわけではなくて、自分のことを好きになってくれる人が好きなナルシシストタイプと申せるでしょう。

二つめは、「好きって言われても恋愛感情は生まれないけど、好意を寄せられること自体は悪い気はしないよね」というパターン。この場合、「気持ちはうれしいんだけど……」などと曖昧に答えて、悪く申しますと、相手をキープしたくなっているのかもしれません。

このような心理になっているときは、相手に恋をしているわけじゃないけど、自分がモテているのが気持ちいいという、わがままさが見え隠れいたします。

そして三つめのパターンが、「せっかくいい友だちだったのに……」と悲しくなったり嫌悪感が湧いてきてギクシャクするパターン。

ここでは、この三つめのパターン、〝好きになられると悲しくなる心理〟をよく考えてみましょう。だって、好きになってもらえて悪いことなんてなさそうなのに、どうして嫌な気持ちがするのか、少し不思議でしょう？

その理由は、私が思いますには、純粋な友情はお互いに利害関係のないとき、つまり、互いに相手を欲望の対象にしないときに成り立つからでしょう。

恋愛感情というのにはどうしても、「この人の唇を奪いたい」「胸に触れたい」「この人から愛されたい」「優しくされたい」という欲望が絡みます。

ですから、自分が欲望の対象《ターゲット》にされていて、いろいろなことを求められる状態になっているのを、「居心地が悪い」「リラックスできない」と感じるのであろうと推察されます。

このように考えてみますと、「友情と恋愛は両立するのか!?」とか「友だちと恋人の境目は!?」といったような、昔からの難問に答えることができるように思われます。

パターン1と2の人にとっては、相手に好かれても友だちでいられる。パターン3のような、良く言えばピュア、悪く言えば融通の利かない人にとっては、友情と恋愛は成立しない。

ですから、もしも、あなたに好きな男の子がいるとして、「告白して嫌われたらどうしよう……」なんて甘酸っぱい迷いの霧に包まれているのなら、その彼がどんなパターンの煩悩を持っているか見極めてみるといいかもしれません。

煩悩パターン1、2なら迷わず告白してみるといいでしょう。

3なのでしたらその恋心を思い切ってぶつけてみるとき、友情が壊れるかもしれない覚悟がいることでしょう。健闘を祈ります。

お悩み❾

本命になりたい

ずっと好きだった先輩と飲み会の帰りにからだの関係を持ちました。それまで二人きりになったこともなかったのですが、それ以降は何回か誘われるようになり、つき合っているような感じだったのに、この間エッチしたあとに、「俺とつき合いたいの？」と聞くので「うん」と言ったら「それは無理」と言われてしまいました。

悲しかったのですが、やっぱり先輩のことが好きなので、その後も誘ってもらうとうれしくて、いつもどおり会ってしまいます。

本命の彼女がいるのか、わたしのことがそれほど好きじゃないのか気になりますが聞けません。ちゃんと聞いたほうがいいのでしょうか？どうすれば本命になれるのでしょうか？

（群馬県　25歳　販売員）

彼の想いが浅い以上、本命になることは、かなりむずかしいと申せましょう。

彼に、自分と「つき合いたいかもしれないけれど、それは無理」と言われてしまったのだとしたら、それを乗り越えようとするのはとても厳しい道のり。

彼のほうは、「彼女が自分に断られてもなお自分のことが好きで、恋人関係にならないまま、からだの関係をのみ持たせてくれるかどうか」を試すために、自分から「俺とつき合いたいの？」と尋ねたのでしょう。

いやはや、率直に申しまして、すこぶる自惚れている男性です。

彼女の返事をわかったうえで、かつ、「それは無理」と断ろうと、あらかじめ計画していたわけですから。

断って彼女の気持ちをへし折っても、「俺のことを嫌いになれないだろう、俺から離れていけないだろう」と確信していたからこそ「俺とつき合いたいの？」と訊けたのです。

別の見方をいたしますと、彼女が断れないということを一応予想はしていたとしても、離れていくかもしれないというリスクがあることくらいはわかっていたけれど、それならそれでいいや、彼女とエッチができなくなっても別にいいや、くらいの気持ちだったがゆえに、はっきり「無理」なんて生意気なことを言えたのだとも申せます。

率直に申し上げて、彼女のことをその程度の道具的扱いですませようとしていることからして、想いはとても浅く、本命になることはかなりむずかしいと申せましょう。

でも、形勢逆転のチャンスがまったくないわけではありません。

からだの関係というのは知らず知らずのうちに執着を生みますので、彼にとても強い快感が生じるような性行為をしてあげることができるようになるなら、それを繰り返しているうちにいつのまにか、彼が依存するようになってくることもあるかもしれません。

からだに触れ合う時間を密に持つようにしておきますと、〝オキシトシン〟というホルモンが分泌されて、いつのまにか相手への愛着が生まれもするものなのです。そのタイミングでわざと距離を置くようにしてみたりしますと、相手は中毒症状に陥っているので、「どうしても会いたい」となって、立場が逆転するなんてこともありうる。

ただ、どっちに転ぶかはほんとうにわかりません。もともとあんまり好きじゃないんだから面倒だからもういいや、となる場合も十分に考えられます。

それにたとえ、そうした方法で彼の気持ちが傾いてきたとしても、それは依存関係を逆転させただけのことで、本質的に愛情のある関係とは別のお話です。

彼は、自分の自信を保つために、彼女を道具として利用しているだけです。

つき合っている相手から愛されているだけでは「足りない」と感じてしまって、ほかのいろんな人からも好かれていることを通じて、自信や自分の価値を保とうとする傾向は、多かれ少なかれ誰にでもあります。

自信をつけるために、「自分が掌握して弄べるような人をキープして愛情を注がせる」状態を保とうとする、つまり、自分に好意を持ってくれる異性を自分の自信を保つための〝道具〟として利用するのです。

ただ、多くの場合、単にキープするためですので、「相手が自分を好いてくれているな」

とか「しょっちゅう会おうって言ってくれるな」とか感じられるぐらいの関係にとどまるのですが、この男性の場合、さらにからだの関係も持っています。

キープするというだけでも褒められたことではないのに、ここには搾取のような面もあり、この女性はさらにひどく扱われているように思われます。

けれども先述のように、「自信を持つために」であるということは、裏を返せば「自信がない」ということです。ですから実は彼は、自信をなんとか保つために、〝道具としての彼女〟に依存しているとも申せます。

ただ、いまは複数の〝道具〟を持っているので、別に彼女じゃなくてもどの道具でもいいやというぐらいにしか思っていない。そこを、「この道具じゃなきゃだめだ」というくらいまで依存させるような感じにもっていければ、力関係が逆転するかもしれません。

そこまできたときに身を引いてみたり、こちらからは連絡をとらないようにしてみたり、会えないって言ってみたりしたら、話は変わってくるかもしれません。

でも結局、これも単に〝どうでもいい道具〟だったのが、〝すごく大事な道具〟に格上げしてもらえるだけのことで、いわば〝道具としての出世〟を目指すだけのことです。

そんなかたちで本命になったからといって、はたして幸せになれるかは謎、ですね。

互いを道具のように扱うことで、互いに不幸になっていきます。

このように、「相手を道具のように扱っている」人は少なくありません。

女性から、つき合っている彼からモノみたいに扱われ利用されていてつらい、というように読みとれる相談をよく受けますし、一方、相談をされている張本人も実は、相手のことをモノとして扱っていると思わざるをえないようなケースも多いと感じます。

ある意味、お互いを所有物というか自分の道具のように扱うことで幸せになろうとしているつもりが、結局そのせいで自分たちが苦しむこととなり、不幸せになっているとでも申しましょうか。

ですから、本命になったら道具として扱われないかというと、そうとは限らないでしょう。彼からすれば、彼女だけでなくすべての女性がモノかもしれません。

本命らしき女性はいるかもしれませんけれども、本命の彼女に対してだけは特別純粋な心持ちで接しているのかというと、どうも、そんなふうには思えません。

一方、彼女の側も、この男性を道具として扱っている可能性もないわけではない。彼の心情にはまったく触れておられないので断言はできませんけれども、文面から判断する限り、お互いに相手の気持ちを考えていない、という可能性もなくはありません。


この方が彼に対する接し方を多少変えたところで、彼の彼女に対する気持ちが大きく変わる可能性は、残念ながらかなり低いものと申せましょう。

もっと親密な関係というか、正式におつき合いしている関係ならともかくこの場合、そもそも彼は彼女のことを重視していないのですから。

人間は重視している相手の振る舞いが変わったり、心が変わったりすると、はっと心を打たれたりしますけれど、自分にとってどうでもいい人が多少変わったところで、気になどなりはいたしませんからね。


もし、いまのような状態でいいから、彼との関係を保っていたいとお望みでしたら、彼がストレスを感じたり、うっとうしいと感じたりすることは避けたほうがよいでしょう。「本命にしてほしい」とか「ちゃんと扱ってほしい」などと見返りを求めることは、ストレスを与えますから、彼が「こいつとはいっしょにいたくない」と感じるきっかけになります。

一方、ギャーギャーうるさいことを言われないとか、「あなたを所有して縛りたいのよ」というプレッシャーを感じることもなく、「くつろがせてくれるな」と彼に感じさせることができると、道具としての地位は、結果として向上することでしょう。

なるべく、「つき合いたいよーッ」という欲望を抑えて、彼にとって都合よくしてあげることで、道具としてのランクアップを目指すことしかできないのは、なんともトホホな感じではあります。

その結果、やがて彼の態度が変わる可能性もありますけれど、ん、んー、それが幸福かどうかはまた別のお話です。

合掌

お悩み⑩

プロポーズしてほしい

つき合って八ヶ月の彼氏がいます。平日はほとんどメールだけですが、週末は彼が忙しくない限り、うちに来ます。つき合いはじめはデートとかもしたのですが、最近ではもっぱら家でまったりしている感じで、会話とかもあまりなく、良く言うと落ち着いた感じ、悪く言うと倦怠期？みたいな感じです。

わたしはあと二ヶ月で三十歳になるので結婚したいのですが、プロポーズしてくれそうな雰囲気はありません。

うちでごはんを食べているときに「なんか夫婦みたいだね」と言ってみたら、「そう？」とはぐらかされてしまいました。彼は結婚する気がないかもと思うと不安です。

どうすれば彼にプロポーズしてもらえるでしょうか？

（東京都　29歳　会社員）

彼と結婚したいのか？
早く結婚したいのか？
そこが明確でないと、相手をひそかに傷つけます。

まず、なぜほかならぬ「彼」と結婚したいのか。そこのところが文面からはよくわかりません。わかるのは三十歳になるまでに誰かと結婚したいということだけです。

おそらく、彼にとっても、同じ疑問符が顔を出しているのではないでしょうか。つまり、なぜ彼女が自分と結婚したいのか、彼女の年齢の都合以外のことはわからない。

「〝結婚〟がほしいんだったら、別に僕じゃなくてもいいじゃん。なんで僕じゃなきゃだめなの？」「きみがほしいのは〝結婚〟であって、〝僕〟じゃないでしょ」

と、そんなふうに感じてしまっている可能性が大いにあります。

そして、これは、男性の気持ちを一気に冷めさせる場合もある危険な状況と申せます。

三十歳までに結婚しなきゃいけないというのは、あくまでも彼女の脳内ストーリーであって、そんなこと、彼には関係のないことだからです。その物語に自分を〝脇役〟として無理やりキャスティングされても困るというものでしょう。

前の質問への回答で、女性を道具として扱う男性のことをお話ししましたが、このケースでは、男性の側が、「自分のことを好きでいてくれるんじゃなくて、結婚相手という都合の良い道具が欲しいだけなんだな」と、自分がモノのように扱われているように感じて、拗《す》ねてしまっている可能性もあります。

これはとても重要なポイントでありまして、現代人は、男女ともに〝かけがえのない＝代替不可能な自分〟として尊重されたいという、強烈な渇望をかかえているもの。相手を取り替えのきく道具のように扱ってしまった時点で、自尊心を傷つけて、相手を拗ねさせてしまうのです。

誰だって、無意識的に、「自分はモノみたいに扱われるべきではない、かけがえのない貴重品なんだッ」と思い上がっているのですから。

彼のどういうところが好きで結婚したいのか、明確に彼に伝えることができますか？

それから、「夫婦みたいだね」と、いわゆるカマカケをしてみて、彼が、「そうだよね、結婚しようか」みたいな話になると期待なさったのかもしれないですけれど、ん、んー。あいにく、よほど彼の側にメリットがない限りは、受け身で待っていてもプロポーズはしてくれません。

現代ですから、プロポーズするのは男性からと決まっているわけではありません。そんなに結婚したいのでしたら、ご自分からプロポーズなさったらよろしいでしょう。「結婚したいの」って。

プロポーズするより〝された〟ほうが、女性として〝愛される感〟が得られて自信が持てるのかもしれませんけれども。

三十歳までに結婚、と先走られる前に、少し立ち止まって、彼のどの要素が一生つき合っていきたいと思える点なのかを、自分でまず整理してみることです。

「わたしはあなたの○○なところや△△なところが好きで、あなたじゃなきゃダメなの」と、説得力を持って相手にアピールできると思いますか？

もしできるようでしたら相手の方にも、俺でなきゃダメだな、だからこいつは俺と結婚したいんだな、ということはわかっていただけるでしょう。

それで相手も同じように思ってくれるかどうかはまた別の話ですが……。

実際、結婚するというのは（一応離婚しないことを前提にすれば）、一生いっしょにやっていこうとすることです。

自分が一生やっていく相手の好ましく思う要素を一つや二つ挙げられないようでは、とにかく結婚！　と思って、たまたま結婚できちゃったとしても、結婚生活を続けられなくなる可能性が高いと申せましょう。


自分がプライドを守っているだけなことに気づくこと。そして、それを捨てることができれば、幸せになれます。

次に、彼の側から見てみましょう。なぜ彼は、結婚を避けているのでしょうか？

結婚そのものがいまは時期ではないと思っている？

どうしてもいま、結婚して彼女をほかの男にとられないようにしたいほどには、彼女に執着していない？

ご相談の文面を見る限りでは情報が少なすぎてわかりませんが、おそらく両方ではないでしょうか。

彼は仕事でいつも忙しいのかもしれない。もしくは、仕事がどっちに転ぶかまだわからないみたいな段階で、いま一生懸命積み上げ駆け上がっている真っ最中みたいな状況なのかもしれない。だとしたら、いきなり家庭とか、子どもができてなどと考えるのは、ちょっといまは無理だ！　となって当然。少し待ってあげるくらいの余裕をお持ちになったほうがよろしいでしょう。


ただ、情報が少ないのは、単に書いていないのではなくて、実際、彼のことをあまり知らないからなのかもしれません。そもそも、ちゃんと会話ができていないというか。となりますと、マンネリの上に安住していて、コミュニケーション不足なのが、このふたりの最大の問題、なのかもしれません。

「わたしはあなたと結婚したいと思っている、でも、あなたがいま結婚に向かない状況にあるんだったら、ゆっくり待ちたいと思う」とか「もし、いまは結婚する状態にないのだったら、どういうふうに向かない状態にあるのか知りたい」と、もっと突っ込んだ対話をして、自分の都合だけでなく、相手の都合もいろいろ聞かせてもらうのがよいのです。

そのプロセスで、相手も「じゃあ落ち着いたら、この子と結婚しようかな」っていう気持ちになるかもしれません。

もちろん、そうやって確かめた結果として反対に、とても残念なことですけれども、彼は結婚する気がないのではなくて、自分と結婚する気がないのだ、ということが判明してしまうこともあるでしょう。

おそらくそれがはっきりするのが怖いからこそ、無意識のうちに、自分からプロポーズしたり、結婚についてちゃんと話したりすることを避け、無難なカマカケなどでお茶を濁すことで、小さなプライドを守ろうとしているのでしょう。

けれども、ほんとうに誰かと早く結婚することを優先されているのだとしたら、それはもういっそ、「結婚してほしいのッ」と当たって砕けてみて、砕けてしまったなら、しょうがないとあきらめ、早く別れて、結婚してくれそうな人を探したほうがいい。

はっきりさせるのが怖いのは、プライドがすこぶるつきに高いからです。

プライドが邪魔するから、自分からちゃんと明言する代わりに、「夫婦みたいだね」などとカマをかけるような言い方しかできないのです。

たしかにプライドが許さないかもしれない。

だからといって手をこまねいているよりは、自分からなるべく率直に相手の気持ちも聞き出してみることをお勧めいたします。たとえ、どんな結果が待っていようとも。

「あー、プライドを守ってるだけなんだな、自分は」

と気づいて、その安っぽいプライドを捨てられれば、次の一歩が歩めるのですから。

合掌

［特別講義6］嫉妬

「自分がいちばん」という麻薬の危険性

恋とは実は、世界の中からたった一人だけを選んで特別扱いする、強烈な差別だと申せます。

なぜ恋が私たちにとって甘美なものに感じられるかといえば、恋の相手は自分にとって世界でいちばん好きな人。その人に自分を好きになってもらえれば、自分は「世界でいちばん好きな人が世界でいちばん好きな人」になれてしまいますから。

そしてこの「自分がいちばん」という思いほど、脳神経を強烈に刺激するものはありません。と申しますのも、実はこのとき、コカインなどの危険な麻薬を取り入れたときと同じ快感物質が脳内で発射されているのです。

それだけに、私たちにとって「世界でいちばん好きな人」が、自分のことを「世界でいちばん好き」でいてくれるかどうかが、誰でもとても気になるのです。

もしも、「好きでいてくれないなら……」と考えると、不安になって苦しくなってくるでしょう。それは、危険な快感物質を発射して「自分がいちばん」と思いたいのに、思えない。そのときの苦痛なのです。

ゆえに、私たちの恋する心がもっとも求めて渇望しているのは、愛する人が自分をいちばん好きに思ってくれているかどうかを表すサインだったりするのでしょう。

たとえば、ほかの子に対してはそっけないのに自分に対しては優しくしてくれて、約束を破らない、とか。こまめに心のこもったメールをくれる、とか。ほかに用事があっても自分のことを優先してデートしてくれる、とか。からだを重ね合わせる行為のとき、自分勝手に気持ちよくなるのではなくてちゃんと自分のことも気持ちよくしてくれようとしている、とか。

そういう〝自分特別扱い感〟が生じると、先ほど申しました脳内の危険な快感物質がたくさん出て、私たちは喜びます。

ただし問題は、そういう喜びがクセになると、私たちは嫉妬深くなってしまうということです。

と申しますのも、自分の好きな人が誰かほかの人に好感を持ったり、ほかの人に優しくしたりしているのを知ると、「もしかしたら自分がいちばんじゃないのかも……」と不安になってしまうからです。

つまり、愛される快感を味わいすぎると、だんだん独占欲が出てきてしまう。

彼が女友だちと仲良くしているだけでイライラするような、醜い人に成り下がってしまうのです。あるいは、ちょっと彼からのメールの返事が遅いだけで悲しくなって、拗ねたメールを送りたくなるとか。

そして、関係は悪化いたします。

それもこれも、脳内でつくられる快感の麻薬にしびれているがゆえのこと。

「自分がいちばん」という名の、その麻薬にはまらないようにするのが、良い恋愛のためには大事なことだと申せましょう。

そして、自分の仕組みがわかれば、相手も同じ。大切な相手に「いちばんじゃないのかも……」と苦痛を与えてしまわぬよう、そこそこ〝差別〟をして差し上げるとよろしいでしょう。

お悩み⓫

自分を変えたい

三年間つき合った彼に振られました。わたしといっしょにいると自由がなく、心がしおれてしまうというのが理由でした。つき合う前のほうが生き生きして楽しかったと彼は言います。ショックです。

長いつき合いなのでわがままも言いましたが、お互い率直に気持ちを伝え合っていると思い込んでいました。彼はわたしのことがとても好きだから、こんなにいろいろしてくれるんだと。でも、気兼ねなく話していたことが、彼にとっては重荷だったらしく、ときには強い要望や脅迫にさえ聞こえていたと言われました。

彼のことはすっぱりと忘れて、次の恋に向かいたいと思っています。でも、また同じような結末になるのは嫌です。

（静岡県　29歳　会社員）

自分を変えていなければ、多かれ少なかれ似たような厄災がまた次の恋愛でも起きます。

振られるというのは、私たちにいつも大きなショックを与えるものです。「自分の何かがダメだったから、うまくいかなかった」ということが突きつけられる瞬間でありますゆえに。

その〝ダメだった点〟をよく振り返って直しておけば、次に出会う人とは、前よりもよくなった自分として出会えるわけですから、振られてから次の方とおつき合いするまでの〝ひとり身〟の期間というのは、とても大事な時期となります。

ということは、自分を変えないままでしたら、また次も自分のよからぬ心の波が、似たような相手を惹きつけて、またしても似たようなことがかなりの確率で起こります。

トホホー。

同じ結末になるのが嫌なのでしたら、やはり自分の性質を抜本的に変えなければならないでしょう。

と申しますのも、「これこれこういう人のことを好きになる」というパターンと、「その好きになった人にこういう要求をしたくなる」というパターンと、「その要求が満たされなかったら、かくかくしかじかの威圧的な表情になったり、嫌な声になったり、怖い顔になったり、こういう怖い心になったりする」というパターンのすべては、放っておけば、何ひとつ変わらないからです。

新しく出会う恋人は一見、前の人とは外見が違ったり、表面上の性格が違っていたりするように見えても、結局似たような心の構造を持った相手と惹かれ合って、また同じようなことを反復してしまうものだからです。

ゆえに、「すぐに次」ではなく、自分を変えてから次の相手を見つけよう、くらいの心持ちで、前の恋愛で突きつけられたさまざまな問題を例題として、しばし〝ひとり〟の間に自分を点検してみるのがよいのです。

口では「自分を変えたい」と言いつつ、潜在的には「変わりたくない」と思っている。その葛藤が苦しみを招きます。

このケースでは相手のせいだとは（表面上は）おっしゃっていませんし、相手に無駄に執着するようすもありませんので、一見すると何の問題もなさそうに見えますが、ただひとつ気になりますのは、「気兼ねなく話していたのは悪いことじゃなかった」というニュアンスが文面から強く感じられることです。

聞こえてくるのは、「わたしは悪意がなかったのに、彼にとっては重荷で、要望や脅迫にさえ聞こえていたと言われてしまって、悲しい！」という嘆き。

「自分が悪かったから変えたい」とキレイゴトを記されつつも、心の奥底では、「自分は悪くなかったのに、彼の受け取り方が悪かった。今度は、そうじゃない人とつき合いたい」と思っているように推察されます。

つまりほんとうには、自分を変えたくない。単に、早く彼のことを忘れて次の恋にいきたい、と言っているだけのような気がいたします。

自分を変えなければまた同じ結末を迎えてしまうだろう。だから、自分を変えなければいけないという思いと、でも、変わりたくないという思い。その矛盾した欲求の葛藤が、彼女を苦しめていると申せましょう。

英語のことわざに、
You can't have your cake and eat it.

というものがあります。

食べた瞬間、手元にはなくなってしまうわけですから、ケーキを持っていることと食べることは両立しない。つまり、都合の良いところだけとって両立させたくても、相反することは同時には成立しないということです。

変わりたくはないけれど、その結果、同じような結末になるのは嫌。

変われば同じ結末は迎えずにすむけれど、変わりたくない。

結局、この方は何を求めて相談なさっているのかというと、やはり、「あなたは間違っていない」ということを言ってほしいということなのでしょうか。「あなたはそのままでいい。あなたが変わらなくても、きっとあなたにふさわしい相手が現れますから」と。うーむ。残念ながら、私にはそう言ってさしあげることはできません。この「間違っていない」という思い、自らの正しさに固執する〝見〟の煩悩ゆえにこそ、彼女はいつも他人と衝突して、自らを不幸にしているはずなのですから。

率直に気持ちを伝え合うことは、たしかに正しい。でも、一方的に伝えるのはただのプレッシャーです。

文面から感じられますのは、「自分が正しい！」という思いを巧妙に「自分が悪かった」というニュアンスで隠しつつも、読む人に、「率直に気持ちを伝え合うのは悪いことじゃない。あなたは悪くないよ」と思わせることによって、結局「自分は正しい！」と主張していること。

問題は、彼に対しても、同じようなことをしていたのではないかということです。「自分が正しい！」というのを背景に、正論を押しつけるいろいろな要求をしていたのではないかと推察されます。

たとえば、「結婚したい！」というプレッシャーですとか、「ほかの女の人と会わないでほしい！」というプレッシャー、あるいは、「わたしをひとりにしないでほしい！」というプレッシャーですとか。言うとおりにしてくれないと別れる、みたいなことも言ったかもしれませんね。

でも、それらはみんな、自分の気持ちを素直に伝えていることなんだから、悪いことじゃない、と思っている。なのに不本意にも、彼からは脅迫されたかのように受けとられてしまったので、悲しいと。

たしかに、「率直に気持ちを伝える」とか「気兼ねなく話す」というのは、一般的には、理想的な関係だととらえられているところはあります。

自分の気持ちを隠していて、お互いが何を望んでいるのかよくわからないというのは、うまくいっていないコミュニケーションの典型ですよね。それと比べましたら、何を気

に入らないとか、どこをどうしてもらいたいのかなどを、お互いが率直に伝え合ってい
られる、というのは長く関係を継続していくうえで大事なことだとは思います。
ただ、それはあくまでも、〝お互いに〟ということと、〝穏やかに〟伝えられることが
前提です。お互いに、率直に、なおかつ相手を配慮して傷つけぬように気持ちを伝え合
える関係ということです。
このケースでは、はたして彼のほうは率直にものが言えていたのでしょうか？
「そういう言い方されると、重荷に感じて苦しくなるんだよね」「重荷だからそういう
言い方はしないでほしい」などと、もっと早く彼が言えていればよかった。言わせてあ
げればよかった。
つまり、少なくとも彼女に欠けていたであろう側面は、彼が何を思っているのか、彼
から別れを告げられるまで、全然理解していなかったことです。
彼がそれを三年経つまで言えなかったのは、もしかすると、彼がナイーブすぎるせい
だったのかもしれませんが、仮にそうだったとしても、もう少し早く気づいてあげるく
らいのコミュニケーションがとれていたらよかったのに。

自分と同様、こうしてほしい、こうしないでほしいという思いは相手も持っている。そして、なにがしかの見えにくいかたちでそれを表現していたはずです。それを一切受けとらず、自分の気持ちを表現することに一生懸命になっていたら、ある日とうとう、「つらかったよ。もうやだよ」と相手が逃げ出してしまったと、そういうこと。

彼女は、「率直さ」を誤解しているかもしれませんね。

率直さというのは相互性のうえに成り立つものです。大人の率直なおつき合いには、相手の気持ちがどうなのかということをちゃんと理解しながら、自分の気持ちも伝えていくという、相互のすり合わせのような側面があるものですが、おそらく彼女の率直さは、ずいぶん一方的なものだったんだろうなと推察いたします。

仏教的恋の痛手の治し方その1

泣き叫ぶ自分の中の子どもの声を、ああそう思っているんだねと、受けとめてあげましょう。

では、同じ過ちを繰り返さないようにするにはどうすればいいのか、ということですが、いきなり「相手の気持ちもちゃんと理解できる大人になりましょう」などと申しても、現実的にはむずかしいでしょう。

いまはまだ別れた直後で、かなり引きずっている状況があるものと思われます。引きずっているからには、しょっちゅう思い出すはずです。

わたしは率直だったのにとか、わたしは自分の気持ちを伝えていただけなのにとか。それなのに彼がそれを捻じ曲げて受け取ってとか、脅迫なんてしてないのに勝手にそんなふうに受け取ってひどい！　とか……。

しばらくの間、そんなふうに思い出してしまうはずです。

そのように心の中で反復していることの正体は何かと申せば、うまくいかなかったなりにも自分はやっぱり正しかった、という〝自己正当化〟です。自分の正しさに執着したせいでうまくいかなかったにもかかわらず。げに恐ろしき脳内反復。

なぜ恐ろしいかと申せば、そのように脳内反復することによって、やっぱり「自分は正しい。間違っていなかった」ということが心に焼き付けられ、強化されてしまうから。

こういうときは、自分の心の中にいる〝子ども〟をなだめてやらなくてはなりません。

「わたしは正しかったのにどうして！」と思い出すたびに、「ああ、自分が正しかったって思いたいんだね」というふうに自己認知してみることです。

「自分のわがままを押し通したかったんだね」「自分は悪くなかったのに彼が変な受け取り方をしていたと思いたいんだね」と……。

嫌な感情が出てくるたびに、自分の中にいる子どもを、「そういう情けないきみなんだね」っていう感じで受容的に撫でてあげるというか、「自分は悪くないのに相手の受け取り方が間違っていたと思いたいんだね、わかったよ」と、受けとめてやるのです。

このように、しばらく彼を忘れられない間、繰り返し出てくるネガティブな感情をひとつひとつ受けとめて、自己認知してあげて、「自分はこういう歪んだ心を持っていて、自己正当化したいんだなぁ」と認識していくことを通じて、「自分が正しかったのに」っていう気持ちは、だんだんだんだん薄れてまいります。

「正しかったんだー！」と泣き叫んでいる子どもは、「そうなんだね、わかったよ」と、自分で自分をあやしてやることでしだいに落ち着き、落ち着いていくことで大人になっていくものです。

このとき、おかしな心理カウンセラーみたいな人に相談して、「いや、あなたは正しい、それでいいんだよ」みたいなことを言われてしまったらどうなるかと申しますと、泣いている子どもは治るどころか、もっと甘える子どもになっていってしまいます。

とかく、誰かに相談する心の裏には、「それでいいんだよ」と他者から認めてもらおうとする思惑があったりするため、あらかじめ自分の思いどおりのことを言ってくれそうな人に相談するものですが、必要なのは、「いいんだよ」ではなく、「そういうわがままで寂しい、醜い心なんだね、わかったよ」という受けとめ方をしてもらうことです。

それは、他人ではだめなのです。自分で自分の中の子どもを抱きしめて育ててやり、大人に成長するのを助けてあげる。自分で自分の中の赤ん坊をあやしてやることで、泣きやませてあげる。そのようにして、自己主張したい心が鎮まっていくのにつれて、彼のことも、それにまつわる嫌な感情も、ゆっくりと忘れていけることでしょう。

時間はかかりますが、このようなプロセスを踏んでいけば、あるとき、彼のことがもう気にならなくなっている自分に気づくことでしょう。自分が正しかったとも彼が悪かったとも、なんとも思わなくなっている自分に気づくはずです。

そうして、心の癖が自分で治せたあとに次の人に出会えれば、きっと良い結果に結びつくことでしょう。

仏教的恋の痛手の治し方その2

嫌な感情を仏教の三毒に分類し、ひとつひとつ直視していくことです。

いま申したのは、失恋に限らず、ネガティブな気持ちを鎮め、自己認識を深めていくための方法ですが、このように、ネガティブな感情が出てくるたびに、そのつど見つめるというやり方以外に、根をつめて集中的に取り組む方法もあります。

これには、仏教の煩悩のカテゴリーを用います。

まず、その相手に対して、いまだに要求していることがあるはずですので、それを書き出してみます。ほんとうは自分はこういうつもりだったからわかってほしかったとか、そういう思いを、自分にはこれこれこういう〝欲求〟がある、ほかにもこんな欲求がある、と書き出してみるのです。

次に、〝怒り〟を具体的に書き出します。自分の話も聞かずに一方的に別れを切り出すなんてひどいとか、もっと前に率直に言えばいいのに、いきなりなんて卑怯だとか。

三つ目は、自分の中でもまだ整理できてない〝混乱〟している気持ちを書き出します。

そうしましたら、最初の「欲求」の強烈なものと、次の「怒り」の強烈なものと、三つ目の「混乱」しているものの強烈なものを選び、もう一度書き出してみます。そして、それらについて、「自分はこういう感情なんだね」と受けとめていきます。

このつらつらと書き並べられたものがいわばその恋愛の物語の中で刻まれた傷の数々。それをひとつひとつ認め受けとめていくことが、その傷を癒やすプロセスと申せます。

この「欲求」「怒り」「混乱」が、人間の苦しみの根源とされる根本的な三つの煩悩、「貪《とん》・瞋《じん》・痴《ち》」です。いわばこの三毒を可視化していくのです。嫌な感情を直視するのは口で言うほどたやすいことではありませんが、認めることで振り回される度合いはかなり減少していくことでしょう。

合掌

自分の枠を融かす化学反応

恋愛のパワーってすごいな、と私が思うのは、「ふつうならできないよね」ということを、恋する相手のためになら平気でできてしまったりするからです。

たとえば私事で恐縮ながら、前におつき合いしていた女性が、まだ知り合ったばかりのころに、つくるのにとても時間がかかったであろう見事なお弁当を持って、待ち合わせ場所に着物でやって来てくれたことがありました。

聞けば、その日のために着物を着られるよう着付けを習いに行って、つくり慣れない野菜だけの料理を一生懸命につくってくれたとのこと。

こういった、ふつうでは出せないようなパワーを引き出してくれるのが、恋の醍醐味のひとつであると申せましょう。

当時の私自身を振り返ってみますと、男女二人で旅行するのは好きではなかったのですけれども、その彼女の希望なら自然に出かける気になれました。そして、そこに意外な楽しみがあることにも気づきました。

こういった際の面白味は、自分の常識ないし、自分の殻を壊すのは苦痛かと思いきや、案外むしろ心地よかったり、新しい自分を発見できたりすることにあると申せましょう。

ふだんはなかなか自分が「こう」と思い込んでいる枠を出ることはむずかしい。「恋人のためなら」と思って、思い切って枠を出てみることがいっそ自分を変えるチャンスかも、くらいにとらえてみるのもよいかと存じます。


ここで翻《ひるがえ》って、私が受ける相談によくある「出会いがない」という嘆きを考えてみたくなります。

出会いがない理由を聞いてみると、たいてい「優しい人がいい」とか「面白い人がいい」とか「センスの良い人がいい」とか。大人なら「年収の高い人がいい」とか。とにかく、自分の側に「マスト」な条件がたくさんあるのです。

つまり、そういった、「自分の好み」という枠の外に一歩も出たくない、という閉じこもった思考ゆえに、自分から出会いを遠ざけていることも多いような気がいたします。


ほんとうに人を好きになるということは、「センスの良い人じゃなきゃいや、と思ってたけど、この人が好きだからセンスは別に悪くても平気」とか、「この人なら年収が低くても大好き」と思えるくらいに、自分の守備範囲が広がる体験。「自分ッ」というガンコな境界線が相手と混ざり合って融け合うくらいの覚悟がなければ恋などできないとも申せましょう。

恋することで、「こういうキスはイヤだ」という思い込みが覆《くつがえ》るかもしれません。

「自分は人に優しくできない」という思い込みが外れるかもしれません。

こうして自分の枠が崩れる心地よさに加えて、もうひとつ、いいことがあります。

相手が、「自分のためにここまで変わってくれるんだ」と、ジーンとしてくれることです。けれどもそこには落とし穴もあるのですが……。

お悩み⑫

いつも二回目がありません

一回は誘ってもらえても、いつもそれきりになってしまいます。

服装も白ワンピとか外してませんし、デートのときは、ふだんはつけないつけまつげもバッチリで、自分で言うのもなんですが、見た目はそんなに悪くないと思います。

恋愛本も読んで、女らしいしぐさや表情も研究し、男の人が喜ぶような会話も心がけています。かといって、完璧にしすぎることなく、隙もつくっています。

レジの前ではお財布も出しますし、家に帰ったらお礼のメールも出してますから、印象は悪くないはずなんですが、「また今度」みたいなメールが来たきり、誘われることはありません。

そもそも男を見る目がないのでしょうか？　二回目につなげる方法を教えてください。

（神奈川県　27歳　会社員）

自分を商品化してセールスすると、相手は、自分が相手の利益のために、道具として利用されるのではないかと感じて、逃げ出していきます。

あはっ、これは面白いですね。

「恋愛本も読んで、女らしいしぐさや表情も研究し、男の人が喜ぶような会話も心がけています」とのことですが、それをやめたらよろしいんじゃないでしょうか。

自分をモノ化して、キレイな商品として陳列しているような印象を受けますけれども、あんまりしつこくセールスされると、お客さんからすれば、うるさいなっていう感じになるでしょう? 「すごくお似合いですよ」とか言って買わされそうになると、居心地が悪くなって退散したくなるような。相手の男性もそれと同じ気持ちになってしまうものと推察いたします。

「うまくいかなくて悲しい」ということ以外は、「自分は結構ちゃんとしてるんですものッ」ということをひたすらいっぱい書いておられます（つまり、自分は正しいんだという〝見〟の煩悩が炸裂しているようです）。

見た目も良いし、お財布も、お礼のメールも出している。自分は素敵なはずなのにって。しかも、完璧すぎることなく隙もつくっているほどに「完璧」だと！

全部、自分の計算に基づいて、相手を物語の中にはめてつかまえるみたいな感じ。だからこそ、いっしょにいる男性は落ち着かないのではないでしょうか。

商品としての外壁にどれだけ阻まれようと、本人がどういう内容の人間なのかは、自然に相手に伝わるものです。

いろんなことを取り繕って相手を籠絡《ろうらく》しようという欲望を大爆発させている女性だという本質が透けて見えるので、男性側は、なんとなく「嫌だなぁ」という感じになっていくのでしょう。

もう少しはっきり申しますと、おそらく、高慢な感じに見えるんだと思います。

「わたしはお高い商品です」っていう感じ。

「こんなにできている自分はちゃんとしてるでしょ。だから高く買ってね」という気持ちが態度に出てしまっていて、鼻持ちならない感じになってしまっているのではないでしょうか。

ご本人の主観からすれば、徹底的にいろんなことをお勉強したら、そのとおりにやらなければ気がすまないという感じになっているだけのことなのかもしれませんけれども。

この「自分を商品化する」ということについては、男性は比較的少ないように思います。伝統的に、女性のほうが外見を商品化しなければならないとか、言葉遣いを商品化しなければならないとか、しぐさを商品化しなければならないといった荷物を背負わされてきたわけですから。

けれども、彼女はその伝統に洗脳されて、しかも方向性がピント外れになっているようです。

マニュアルを捨て、心のつけまつげをとることです。

では、どうすればいいかと申しますと、シンプルなことです。

この文面に書かれていることがほんとうだとすれば、見目・顔ばせもよろしいようですので、何か型にはまっている感じとか、相手を籠絡しようとしている感じとか、そういうものを取り払って自然に振る舞い、ふつうに過ごすよう心がけることです。

女らしいしぐさや表情を研究するのは自由ですけれど、もしかしてそれが、すごく不自然に実行されていて気持ち悪いとか、自分ではやっているつもりなのが全部失敗しているという可能性も大いにあります。

とはいえ、ナチュラルにと言われても、これまでに何重にも鎧を身につけてきたせいで、どう脱いだらいいのかわからなくなってしまっているかもしれません。

ですから、いきなり100%とは申しませんので、たとえば別れ際にお礼を言うときはひとつだけ鎧を脱いでマニュアル本にないことを言う、といったことぐらいから始められてはいかがでしょう。

そうやって、ちょっとずつ鎧を脱いでいって、最後はつけまつげもとる（にっこり）。

いずれにしろ、結婚したら、つけまつげをとった顔も見せなければなりませんからね。

道具化されることを必要以上に嫌がるのも大人げないと申せましょう。

ところで、どうして人がセールスを嫌がるのかと申しますと、相手が自分を利用しようとしているというのが嫌だからです。

子どものころ、友だちから電話がかかってきたので「遊びに誘ってくれるのかな？」って思ったら、別の友だちの電話番号を教えてほしいということで、答えはするもののがっかりして電話を切ったことがあります。

それの何が嫌だったのかといったら、「自分が利用されている、自分自身が大事にされているんじゃなくて、何かに使われている」っていう感じが悲しかったのです。

洋服などの商品をセールスされるのも、その人という商品をセールスされるのも、お金を自分から奪おうとしている、愛情を自分から奪おうとしている、その人の利益のために自分を道具として利用しようとしている、と感じてしまうから不快なのです。

さらに申せば、もし自分を求めるのなら〝自分の持っている何か〟のためではなくて、「純粋に自分そのものを求められたい」みたいなナルシシズムがある。

そんなもの、現実にはなかなか求められません。

多かれ少なかれ人間関係というのは、何がしかの利益――精神的なものであれ、物質的なものであれ――を相手からもらって、それに対して自分も相手に何か利益を与えるという互恵関係で成り立っているようなところがあるのは否めません。

自分そのものを、無条件で相手から肯定されたい、というのは幼稚な願望だとも申せます。

今回のケースでは、彼女は、〝商品〟をセールスする側ですので、相手を道具化しないようにすることがまず大事。一方、もし自分が道具化されてしまったときは、大人になることだと申しておきましょう。

万人が実は、ある意味、人を道具化しようとするような衝動を持っているものです。それをいちいち嫌がって毎回、「イヤだ、キー！」などと言っているのは子どもです。

ブティックでもキャバクラでも、セールストークの一環として相手を褒めるのは当然です。それに対し、利用されているといらつく人もいれば、素直に喜ぶ人もいる。

私は、背景にある売りたいという気持ちを〝読み取ったうえでなお素直に喜ぶ人〟と、〝読み取っていなくてお馬鹿さんなので喜んじゃう人〟と、〝読み取って怒る人〟の三種類の人がいると思っています。

読み取ったうえで、穏やかに立っていられるのが、心の持ち方としては、良し。

モテる人とモテない人の間の深い溝。

さて、お話が脇道に逸《そ》れたついでに、さらに逸れるに任せて、どのような人がモテるのか、モテないのか、少々述べさせていただきましょう。私にそのようなことをお話しする資格があるのかどうか、わかりかねますけれども、ね。

ひとことで言えば、モテたいと思っている人はモテない。

そういう人はあまり他人から良い評価を受けないと思います。

とはいえ男女かかわりなく、外見が素晴らしかったりするとそれだけで、中身がどうであれ、モテたりしますので一般化はむずかしいのですが、同じ外見ということを前提にすれば、よりモテにくいのは、「私ってステキでしょ」「俺ってすごいんだよ」ということをアピールし続ける人。いっしょにいるとイライラしてくるので、あまりいっしょにいたくない。

「俺ってこんなにすごいんだよ」みたいなことを言ってモテようとしているおじさんがあいかわらずおりますが、全然モテない。男性が「俺ってすごいんだよ」と言いたくなるのは、ひたすらモテたいからなのですが、なぜモテたいのかといったら、名誉欲でしょう。多数の人間からの承認が得られて自分はすごい、って思いたいわけです。

ところが、名誉欲は一般的には醜いものとみなされています。

なぜかというと、誰しもが名誉欲を持っているので、他人の名誉欲は必ず自分の名誉欲を傷つけるからです。

名誉欲が強い人には、他人からの評価に依存して生きている醜さみたいなものがあります。だからモテようと思うなら、「人から認められたい」とか「モテたい」っていう感情をそぎ落としていけばいい。

いちばんわかりやすいのが、自慢話がないことです。

自慢話をする人とずっといっしょにいると、周りにいる人は自尊心を傷つけられるわけですから。

反対に、他人の自尊心と張り合わないように落ち着いた風情でいると、敬意をいだかれやすくなったり、敬意の延長線上として、憧れとか愛情とかをいだかれやすくなったりするとも申せます。

別の申し方をしますと、モテようとしないということは、他者からの評価に依存していない、つまり、自立しているということです。

そういう人には他者に愛情を与える余裕があります。だからモテる。

すなわち、モテる人がなぜモテるのかと申せば、その人といると、自分の「欲しい、欲しい！」とか「認められたい！」とか「愛されたい！」という欲求が満たされるからです。愛情が欲しいとか、この人から愛情をもらったら自分が満たされそうな気がするという幻覚が持てるからです。

つまり、モテるということは、他者からの承認に飢えている人たち、依存したい人たちが寄ってくるということだと申せましょう。

いやはや、ミモフタモナイ、でしょうか？


このように、顔やからだパーツなどの条件が同じという前提のもとであれば、モテやすさは、〝自立すること〟と関係しております。

つまり、モテなくてもいいっていう気持ちにならないとモテない。

モテなくていいのにモテるので、別にそんなにうれしくない。

モテることがうれしくなくなったらモテますけど、うれしくないのであまり意味がない。

反対に、もし仮に、その人がモテるのって結構いいかもとうれしくなったりしますと、自然にもっとモテようとするようになりますので、すると前ほどモテなくなる。

……いやはや、むずかしいものです。

いずれにしろ、モテたいという気持ちは、「たくさんの他者から評価されることで、自分なりの値段をつり上げたいよーうッ」という欲望です。

その欲が強くなりますと、必然的に、誰か特定のひとりを大事に大事にしようという気持ちも、ひとりをしっかり愛する力も衰えるものです。

それゆえ、好意を持ちはじめた相手がどうやらモテ願望が強いらしいということがわかってくると、そういう人とつき合うのは嫌だなあと感じるのです。

自分を大事にしたいわけじゃないんだな、多数の人間から評価されたいんだな、一対一の関係よりもいろんな人から愛されることを望んでいるんだな、と感じてしまうわけですから。で、結果として、そういう人はやっぱりモテない。

ご相談のケースに戻りますと、彼女の場合もやはりそういうことなのかもしれません。

合掌

お悩み⑬

「彼女」で終わってしまう

つき合って一年。最近になって、「別れたほうがお互いのためになるんじゃないか」と言われ、悩んでいます。もうつき合って一年になるのに、お互いの仲が進展せず、結婚できそうにないためです。

彼も結婚のことについて考えてくれているのですが、数ヶ月に一回ケンカ（別れ話）をするので、結婚後もこんなに揉める可能性があるのかと思うと、踏ん切りがつきません。

わたしは決して結婚したくないわけではありません。むしろつき合うときは、「この人と結婚できるかな？」という気持ちでつき合っていますし、いっしょにいて楽しいです。

彼女で終わってしまう人と結婚まで進める人との違いは何なんでしょうか？

（埼玉県　30歳　会社員）

結婚に必要なのは、ただひとつの条件です。

一般に「彼女で終わってしまう」ケースというのは、遊ぶときにだけ誘ってくれて、いっしょに楽しく過ごすんだけれど、結婚のケの字も出ないし、そういうのをほのめかしたら、すぐはぐらかされてしまうという関係を指しますので、「彼も結婚のことについて考えてくれている」今回のケースは、それらとは少し異なるもののように思われます。

ある程度、結婚を前提に考えてはいるけれど、ケンカばかりするのでお互いに躊躇し、別れたほうがいいのかなと悩んでおられる、ということのようです。

それを前提に、〝結婚まで進む〟ための条件についてお答えすれば、〝リラックスできること〟だと思います。

必要最低条件として、長いおつき合いを通じてのテストを通して、お互いがイライラせずに安息できるというのが十分確認できていましたら、結婚まで進んでも安心、と申せましょう。

毎日、ひとつのベッドで心地よく眠りに就くことができて、互いが相手のためにつくってあげるごはんをいっしょに食べる時間を穏やかに共有できるとか。そういった、毎日毎日、一生続けていくフツウのことをずっと安息して続けられるハッピー感。

ほんとうはそれだけでいいんですけれど、現代人はそれに付加条件として、ときめくこととか、いつまでもドキドキすることとか、興奮することとか、余計なものをいっぱいつけてしまっているのが問題。このケースでは、絶対条件も付加条件もどちらも危うくなっているようですね。

この場合、彼が別の人を好きになる危険が高まっていることも申し添えておく必要があるでしょう。

彼女がいない状態で新しい人に出会うよりも、彼女がいてイライラしている状態のほうが人を好きになりやすいからです。

恋によって快感を得たいという衝動があるにもかかわらず、現実の恋人ではそれが得られない場合、人は新しい恋がしたくなるのです。その衝動は、つき合っている相手がいなくて、ある意味リラックスしている状態に比べると、ずっと強くなります。

そんな状態のときに、ストレスから解放してくれるような、ちょっと話を聞いてくれる女性とか、ちょっと心を許せる女性とかが現れただけで、通常よりも割り増しで神々しく見えてしまい、すぐにコロッといってしまうわけです。

こうなると、浮気に移行してしまう可能性もありますし、その結果、振られる場合もあると思います。

結婚まで進める人と進めない人がいるのではなく、結婚まで進める関係と進めない関係があるのです。

ただ、今回の相談では、そもそも〝彼女で終わってしまう人〟〝結婚まで進める人〟という原子論的な考え方そのものが発想として間違っております。

それは、〝個〟の問題ではなく、〝関係〟の問題だからです。

問うべきは、〝彼女で終わってしまう人〟ではなく、〝彼女で終わってしまう関係性〟と〝結婚まで進めるような関係性〟についてです。互いの心の組み合わせと申しますか。同じ自分でも、Aさんといるとのイライラする場所を引き出しやすいとか、Bさんといたら意外とBさんのイライラを引き出しにくいとか。反対に、Bさんも自分のイライラを引き出しにくいけれど、AさんといるとAさんもまた自分のイライラを引き出しやすいとか。

つまり、Aさんの問題とかBさんの問題とかいうのではなく、人と人との組み合わせの問題なのです。


また、時間的な変化もあります。

同じ相手でもつき合いはじめのころは、お互いイライラしなかったはずで、関係性を構築していくにつれ、だんだんお互いがわがままになって、相手に対して一歩引いて礼を尽くすことを忘れてきてしまったのではないでしょうか。

そういうふたりの歴史が関係しているのです。

ですから、個体の問題じゃない、というのをもう少し具体的に申せば、おつき合いを始めたからには、ふたりはいきなり初対面から相手にイライラしたはずはありませんから、積み上げてきた歴史のなかで、だんだんイライラする関係性になっていったということになります。

お互いの嫌な部分を引き出し合いやすくなったということです。ほんとうは、お互いに良い部分を引き出し合うような歴史を築いていくことだってできたはずでしたのに。

悪い〝縁起〟を良き〝縁起〟に変えてまいりましょう。ただし、まずは自分ひとりで。

仏教では、こういうさまを〝縁起〟と申します。つながりがずっと重なり合っていって、結果が生じていくさまです。

一般には、「縁起がいい」という言葉だけが使われているようですが、もともとは、原因があって結果があって、原因があって結果があってと、ずっと積み重なっていくものを指す言葉です。

縁起の〝縁〟は縁《よ》り集まるということで、〝起〟は起こる、です。前にあることがあってそれらが縁《よ》り集まって、次が起こる。で、それによって、また次が起こる。それによって、また次が起こる。これがずっと重なっていく。

このふたりの場合は、ボタンのかけ間違いをしてしまって、好ましくない縁起が重なってしまっているのだと申せましょう。ずっと生じてきたその縁起が、このまま放っておくとだんだん加速していって、よりひどくなっていくのは当然のことです。

そういう意味では、「このまま結婚するとまずい」という躊躇は正しいと申せましょう、ね。

ただし、ここで別れる別れないと、揉める必要はないでしょう。結婚する前に、この状況を変えられるかどうかをじっくり考えてみたらいい。

まずは、ご自身が怒らない、イライラしないですむように、そして相手をイライラさせないように、いろいろ工夫をしてみることです。

つき合いはじめたころのことを思い出して、もう少し相手を尊重し、もう少し自分の

〝我〟を抑制してみる。

相手を自分のモノとしてでなく〝ひとりの他者〟として大事にするというのをやり直す。

やり直してみて相手をリラックスさせてあげられたら、必然的に相手のイライラも引き出さなくなって、相手も優しくしてくれるはずです。


ここで大事なのは、それを相手に求めるのではなく、あくまでも自分ひとりでやってみることです。

まず自分ひとりである程度やってみて、相手が多少和らいだところに、「お互い、落ち着いてリラックスして過ごしたいから、自分はつき合いはじめたころのようにあなたを大事にするね」とか、「一定の距離を保って礼儀を保つとか、そういうことを大事にしようと思うんだ」とか、「もう一回最初に立ち返ってやるからね」という感じのことを素直に言ってみるとよろしいでしょう。

「お互いの関係をこれから大事にして、結婚を見据えていきたい」という感じのことを言ったら、彼だって結構ジーンとして、じゃあ自分も初心に立ち返って、この子のことを大事にしようかなと思うかもしれませんからね。

合掌

「守ってあげたい」の活用法

今回は「かわいい」とか「守ってあげたい」とかいう、男性的な恋の思考回路について分析してみましょう。

「守ってあげたい」と思われ、愛されたいと考えている女性は世の中に一定数います。そうやってかわいがられることで、自分の価値が上がるのを感じられますから。

ところが問題は、「守ってあげたい」と思ってもらうためには、力がなくて華奢だったり、経済力がなかったり、ちょっと知性が足りない天然さんだったり、なにかしらの〝弱さ〟が必要になるということです。

その弱さを、男性の意識がピピっとターゲットにして、「この子は自分がいないとダメだから守りたい」という思考が生じるのですから。

その裏でひそかに働いている煩悩が実は優越感です。自分よりもなにかしらの面で劣っている者に対して「かわいい！」と感じるとき、実は心の中に「自分がいなきゃダメだ、ということは、自分は優れている」というナルシシストの思考が混ざっているのです。

どこか間の抜けたように見えるアルパカや、生きる力の弱そうな小型犬が「かわいい！」と言われがちなのも、同じ理由だろうと思われます。

自分と同じだったり自分より優秀だったり強かったりする者に対しては、「かわいい」とは感じにくいもの。私が思いますに、ちょっと前までは経済的に女性は弱い立場に置かれていて、奥ゆかしくて自己主張しないように育てる教育がなされていた分、男性が女性を「かわいい、守ってあげたい」と感じやすかったのですが、このごろの女性はいろんな点で強くなりましたから、昔と比べて「かわいい」が発生しにくくなっているのではないでしょうか。

ある雑誌の特集で、東南アジアの貧しい国まで「婚活」に行く男性がインタビューに答えて、「弱い立場の国の女性のほうが、自分のことを大事にして感謝してくれるから」といったニュアンスにとれることを口にしていました。

その方にとっては、日本の女性は強すぎて「自分がいなきゃダメ」と思えなかったため、わざわざ外国にまで探しに行くことになったのでしょう（いやはや）。


男女が平等になるのは良いことである反面、「かわいい」が消えてゆくことにより、男女の恋愛成就率の低下を引き起こしているように思われます。

恋がうまくいくには、ちょっとした不平等がスパイスにあるくらいのほうがよいこともある。

その意味では、この次の特別講義⑨の「歳の離れた男性を振り向かせる方法」についても、彼よりずっと年下だということはハンディキャップであるように見えて、実は、年上の男性から、「自分が守ってあげたい」と思ってもらうにはかえって好都合なのです。

「自分は未熟だから相手にされないはず」と考えずにむしろ、「未熟だからカワイイと思ってもらえる」と発想すれば、格差もうまく生かせることでしょう。

お悩み⑭

浮気をやめさせたい

つき合っている人が浮気をしているみたいなんです。

いっしょにいるときも上の空だったり、ケータイばかり気にしていたりするので、「仕事？」って聞くと、「違う」と言います。気になってケータイを見たら、深夜に女性からの着信が何度かあり、メールにはパスワードをかけていました。

先日うちに泊まりに来たときに着信があったのですが出ようとしないので、彼女からだと思い、「○○さんじゃないの？」というと彼が血相を変えて、「おまえ、ケータイ見たのか？　最低だ」とキレる始末。そのまま大げんかになり、彼は出て行きました。

自分が浮気しているのにキレるなんて、悔しくてたまりません。彼を悔い改めさせる方法を教えてください。

（長野県　26歳　アルバイト）

ほかならぬ自分自身が、彼の悪行に匹敵する悪行を犯しています。

恋人の浮気に関するお悩みについては、お悩み❷でも扱いましたが、少々状況が異なるようですので、再び取り上げることといたしましょう。

（お悩み❷の方もそうでしたが）彼の携帯電話履歴を見ること、それはしないほうがいい、絶対に。相手がとても怒るだけではなくて、そこに良くない情報があるのを見つけたところで自分が苦しむだけのことですから。

仮に、彼が浮気という〝悪行〟をしているといたしましょう。

けれども、鬼の首を取ったかのごとくそれを暴きたてているつもりでも、携帯電話を見るということは自分もまた、彼の悪行に匹敵する悪を犯していることになります。

ましてやもしも彼が実は、浮気をしていなかった場合は、彼の悪行以上の悪を犯していることになる。

ここで申し添えておきますと、仮に浮気をしていなかったとしても、彼がある種の悪を働いていることに変わりはありません。

浮気はしておらずとも、何か隠している雰囲気を感じさせているのは、人間関係上あまり誠実なありかたとは申せないからです。それが〝ある種の悪〟であるのは確かでしょう。

ただ、秘密めかしているという程度の悪ですので、それと比べればケータイを見るという悪のほうがよほど大きい。

もしそうだとしたら自分の悪のほうが大きいので、悔い改めさせるもなにも、自分が悔い改めないとなりませんねぇ、いやはや。

『新約聖書』の中でのイエスの有名な言葉を思い起こしてみたくもなるではありませんか。

「汝らのうちで、心の中で一度たりとも姦淫したことのない者のみ、罪人に石を投げよ」と。

浮気は、されるものではなく、させるものだと申せます。

そもそも「悔い改めさせる」という、ふつうの人はあまり使わないような、とても猛々《たけだけ》しい、偉そうな表現を用いているところに、精神のアンバランスさが表出していると申せましょう。

「もしかしたら、自分は間違ったことをしているのではないかしらん」という疑いがまったくない。

もし、この思考パターンが日常生活の中でもにじみ出ているとすれば、彼は彼女といっしょにいると落ち着かなかったのではないでしょうか。

いつも自分が正しいと思っていて、相手の問題点を指摘し続けるようなタイプだと推察されますゆえ。

「あなたはもっとこうすべき」

「どうしてまだわからないの？」

「それは間違ってるわッ」などなど。


その結果、彼の居心地が悪くなるのは必然。

もっと落ち着くような女性といっしょにいてリラックスしたいなぁという風情の心持ちになって浮気しているとしたら、これはもう、「浮気されてる」ではなく、「自分が浮気させてる」のだと申せましょう。

「ほーら、わたしといたら落ち着かないでしょ？　いっしょにいたくないでしょ？　だから、どこかに行って浮気してきなさい」というメッセージを発しておきながら、浮気したら怒っているようなもの。な、なにぃーーッ。


仮に、彼の携帯電話を見るようなことをしなかったとしても、「仕事？」とか「ケータイ鳴ってるよ」とか「メール見なくていいの？」などと言うこと自体が彼に圧迫感を与えていたろうとも推察されます。

そこには、ふたりでいる場で着信音なんか鳴らしてケシカラン！　みたいなニュアンスが必ず含まれているはず。

自分はそのメールを見てほしくないという気持ちがあるのに、「メール見なくていいの？」って聞いて、彼の口から、「見なくていいんだよ」と言ってほしいの……、というわかりづらい暗号を発しているようなもの。それが、彼に伝わって、圧迫感を与えてしまっているのです。

一事が万事この調子で、彼の一挙手一投足について、「そんなことより、いまは自分を大事にしてほしいのッ」みたいな間接的かつ暗号的なメッセージを言われ続けたら、彼はすごく落ち着かなくなってきて、「もう～～！」と、ほんとうに浮気したくなってくるでしょう。

悔い改めるべきは、相手ではなく、自分自身です。

つまり、問題は、要求を伝える代わりに、「どうして、〇〇してくれないの？」という質問形にしてしまうことです。

感情を伝えるのが下手なお母さんが子どもに対して、「どうして勉強しないの！」みたいな、無意味で攻撃的な疑問文を投げかけるのと同じ。そういうコミュニケーションが癖になってしまっているのでしょう。

それより、「悲しい」とか「残念だ」とか、そのまま言ったほうがずーっとよい。素直に伝えたほうが「悲しくさせて悪かったな」って相手も思うことでしょう。

率直に伝える代わりに、まわりくどい言い方で質問して、しかも質問の裏には非難がある——本音を言いたくないというプライドがそうさせているのでしょうけれども、先述のとおり、そのプライドという名の煩悩こそが人の幸せを邪魔するものと申せます。

必要なのは、浮気はされるものではなく、させるものだということを知り、問題を自分の中にこそ探ること。

もし彼がほんとうに浮気をしているのだったら、自分がさせているんだという認識を持つことと申せましょう。

ですから、悔い改めなければいけないのは、彼ではなくて、この我が身です。

この方の文章に「悔しい」ってありますけれど、ほんとうのほんとうに欲しいのは、自分の正しさを認めさせることではなくて、幸せになることでしょう?

だとしたら、正しいとか間違ってるとか、そんなことは気にしないほうが、究極的には、自分のハートにとって〝得〟なのです。

なのに、不合理にできている脳が「自分が正しい! 彼は悔い改めよ!」とクダラナイ騒ぎ立てをして、ハートを不幸にしていくのです。

全部相手のせいではなくて、自分にも原因があるということを自覚すれば、そういう思いも消えていくことでありましょう。

合掌

お悩み⑮

本格交際したいけれど、忘れられない人が……

いま、結婚を意識しておつき合いしている男性がいます。とても優しい人で、わたしをとても大切にしてくれます。彼のことは嫌いではないのです。好きになれそうな気もします。

ただ、彼とつき合う前に、少しだけおつき合いした男性のことが忘れられません。この男性には振られているのに、あきらめきれず、自分の気持ちに決着がつかないまま結婚に踏み切ることが、どうしてもできません。

どうしたらいいのでしょうか？

（岐阜県　33歳　会社員）

振られているのにあきらめられないのではなく、振られているのであきらめられない。目の前からいなくなった人のことはいくらでも理想化・妄想化できますゆえに。

「フラれているのに」あきらめきれずではなくて、「フラれているので」あきらめきれず。それが真実でしょう。

昔、何かの雑誌でブロガーの小飼弾氏が、坂本龍馬の評価について書いているのをたまたま読みました。小飼氏曰く、あれは実はサギなんだと。

板垣退助にしろ、三菱をつくった岩崎弥太郎にしろ、長生きしたばかりに政治的に厄介な問題にもいろいろ取り組むこととなり、その中では、どうしてもダーティなことにも手を染めなければならなかった。そのプロセスで、多かれ少なかれ、ネガティブなイメージを醸し出さざるを得なかった。

ところが龍馬はそうやって、いろんな性質をみなの前にさらけ出す前に若くして死んでいる。すると、いくらでも夢想することができる。

あんなに立派だったんだから、そのままずっと立派だったんじゃないか、もし生きていたら、明治政府においてもいつまでも大志を抱いたまま高潔でい続けて、すっごいことを成し遂げていたに違いないと。

早く死んでいればいるほど、その後のイメージを理想化することができるわけです。


もうひとつ例を挙げましょう。

昔、私がとても好きだったアニメーションに、『銀河英雄伝説』というものがありました。主人公は、ラインハルトというちょっとナルシストっぽい感じの皇帝で、彼にはキルヒアイスという幼馴染みの側近がおり、キルヒアイスは、美青年のうえに、すこぶる優秀な将軍だったのですが、早くに死んでしまいます。

すると、ラインハルトにとってのキルヒアイスの存在が、生きていたときよりも明らかに理想化され大きくなって、ことあるごとに、「こういうときは、おまえだったらどうする?」と、頭の中で問いかけるのです。

個人的なつき合いにおいても同じだと申せましょう。

目の前からいなくなった人は理想化しやすいのです。

自分を振った昔の彼は、彼女の中で、あたかも映画を映すための真っ白なスクリーンのようなものとなり、彼女の理想が全部そこに投入・投影されるのです。

スクリーンとしては、つき合いが浅く短いほど効果的でありまして、仮につき合いはじめて一週間で別れると、ほとんど相手のことを知らないために、「もし、もっと長くつき合っていたらこんなに素敵だったはずなのにッ」という妄想を好きなだけ投影して、脳内妄想のドラッグでトリップすることができます。おやまあ。

これが、長くつき合った相手だとそうはまいりません。相手のことを知っていればいるほど、具体的なイメージが目の前を遮り、好き勝手な妄想の邪魔をするのです。


このケースでは、あっさり振られているからこそ、妄想がたっぷりできてしまうがゆえに、甘い夢を見てしまってあきらめきれない。

いやはや、坂本龍馬でしたら長生きしていようとも、もしかしたらずっと素敵だったかもしれませんけれど、たいていの場合は、知らぬが華とでも申せましょうか……。

洗脳を解くには、自分の妄想を妄想としてはっきり認知することです。

だいたい、人間関係というのは、最初はお互い、相手に気に入られようと良いところばかりを見せているものです。それがつき合いが長くなるにつれ、だんだん互いの〝我〟がでてきて、最後のほうはイライラするようになる。

つき合ってすぐに振られた相手については、そのように演出されていた良いところだけが目について、脳裏に刷り込まれてしまっているにすぎないと申してよいでしょう。実際のところ、女の子をちょっとだけ味わって、あっさり振ってしまうような男からは、仮に長くつき合っていたら、嫌な目、ひどい目に遭わされた可能性が高い。つき合いが長くなればなるほど、好きになれない面を見ることになったことでしょう（ガーーン）。

あるいは、ほんとうは彼のネガティブな部分を知っているのだけれど、理想化のイメージに目隠しされて、忘れてしまっているだけなのかもしれません。

いまは、良い部分だけが刷り込まれて、それを反復して苦しんでいるだけです。

いわば洗脳されてしまっているだけです。

その洗脳を解いてやるには、自分の妄想を、はっきりと妄想として認知することです。

からだに触れ合っていれば、「好き」はあとからついてまいります。

翻っていま、優しくしてくれる彼がいて、結婚も意識している、とのこと。

いやはや、いかんせん、私たちの意識にとっては、〝自分に優しくしてくれる人〟＝〝手に入った存在〟として映りますから、前に記しましたように、価値の低いものとして感じられてしまいがちです。

それゆえ皮肉なことに、実際に自分を幸せにしてくれそうな優しい人を低く見積もり、自分を振ったがゆえに〝手に入らない存在〟と思える人を高く見積もっているように見受けられます。

これは単に、手に入ったものを当たり前とみなして、ほかのものが欲しくなるという、欲望の基本構造に絡めとられているということにすぎません。

この欲望システムに絡めとられたままでは、別れた彼のことを恋しがり続けたまま、なかなかいまの彼のことを「好きになれそうな」気はいたしませんねぇ。

いま目の前にいる優しい人よりも、脳内につくり上げた幻想の元カレのほうが素敵でしょう、と囁くのは、自分を不幸へと導く心の中の悪魔なのです。

頭の中に巣喰った幻想の呪縛を自覚する。

そうして、優しくしてくれるいまの彼にもっと接して、話して、からだに触れ合う頻度を増やしてみてください。

そうして、幻想ではない、具体的な身体データをたくさん新しくインプットしてあげているうちに、いつのまにか、過去の幻想よりも現実のリアリティのほうがよくなってくるからです。

お悩み❾の回答で記した〝オキシトシン〟は、実際にからだに触れていることで分泌されてくるものですから。

愛情が不十分だと、身体コンタクトも減りがちになりますけれども、それでもあえてからだに触れ合うようにしてみますと、オキシトシンが分泌されてきて、事後的に愛着が湧いてくるものなのです。

ですから、「いまのところ、嫌いじゃないけどまだ好きになれてないからなぁ……。前の彼はよかったなぁ……。どうしよう?」なんて、頭の中で堂々巡りするのはおしまいにして、いまの彼ともっと手をつなぎ、もっといっしょに寝て、部屋ではもっと寄り添って過ごしてみましょう。

〝好き〟はそのあとからついてきますから、だいじょうぶ。

(裏を返せば、「好き」なんて、そんなふうにつくり上げられる程度のものとも申せましょうか。な、なんだってーッ。)

合掌

歳の離れた人を振り向かせる方法

特別講義7で記しましたように、恋に落ちるとは、自分が思い込んでいる好き嫌いの〝枠〟が融ける甘美な体験。

融けるという意味では、「わたしの恋の相手はスポーツが上手じゃなきゃ」とか「お笑いのセンスがあって面白くなきゃイヤ」とか「お洋服のセンスが良くてお洒落さんじゃなきゃイヤ」とか思い込んでいる間は、なかなか本格的なオトナの恋はできないものだったりもいたします。

そういった自分の頑なな枠が、トロトロッと融けて、「この人、タイプじゃないはずなのになぜか好きになっちゃった」なんていうのが、恋というものの持つ不条理さなのだと申せましょう。

ということは、相手が私たちに恋してくれるときというのは、相手にとっても、〝自我の枠〟が融けるような体験になりえるということです。

以前から寄せられてきた「恋のお悩み相談」の中で、実はとても多かったのがこんなお悩みでした。

「学校の先生、ずっと歳の離れた先輩、なんていう年上の人を好きになっちゃったのだけれど、恥ずかしくて告白できないうえに、自分なんて相手にしてもらえないだろうし……」

こういった悩みを拝読していると、健気だなと微笑ましく思うのですけれども、実は彼女たちが行き詰まっている理由はまさに、年齢差や立場という彼の〝枠〟は融かせない、と思い込んでいるがゆえのことと思われます。


ところが、実際はそうでもないのです。

なぜなら先ほど記しましたように、〝自我の枠〟が融けること自体は甘美なことですから、ひそかに彼もそれを願っているかもしれない。

「この子は自分の教え子だし……」とか「この子は歳が離れすぎて話題も合わないだろうし……」とか、そういった狭い

〝枠〟を融かすのは、案外簡単なのです。

こちらが恥ずかしがらずにいれば、相手は最初にちょっと抵抗を感じたとしても、「あ、この子が相手だったら自分の枠が融けそう」とでも表現できそうな魅力を感じることでしょう。

最初に、「熱烈に好きになったから↓自我の枠が融ける」と記しました。それを逆手にとれば、「自我の枠が融けそうにしてあげる↓熱烈に好きになる」というルートに乗せることがかなうことでしょう。

「A↓B」を利用して、「B↓A」と錯覚させてしまうとでも申せましょうか（いやはや）。

そもそも、近い年齢同士ですと、話題は合いやすい代わりに、それだけではツマラナイとも言い換えられますし、近いがゆえにこそ主導権争いになりがちなもの。

その点、歳の差があるがゆえにこそ、主導権は彼に任せて、「この子を愛して守ってあげている」という心地よさを彼に味わわせてさしあげることができます。

そういたしましたなら、愛情のバランスもとりやすいものですから。

悩まず突撃すれば、案外うまくゆくことでしょう。

お悩み⑯

バツイチの彼との結婚に迷っています

バツイチの彼と一年半つき合っており、結婚の話もそろそろ出ています。

彼のことは大好きで、バツイチでなければ絶対結婚しているくらいの、いい人です。

ただ、わたしは結局、彼のバツイチのことを気にしているばかりで、相手を傷つけてしまっています。この先も世間体を気にする気持ちはなくならないと思っています。ほんとに好きなら、世間体なんて関係ないのだと思いますが。

彼には子どももいないですし、奥さんとも揉めて別れたわけではないので、とくに問題はありません。ただ自分自身がこんな状態ですので、彼との結婚を迷ってしまっています。

別れるべきでしょうか？

（千葉県　33歳　会社員）

バツイチと結婚するかどうか迷っているのは、ほんとは新車が欲しいのに、中古の欠陥車しか買えないのが悔しいっていうこと？

世間体を気にされているとのことですが、もっともっと具体的に、心の奥では「何を」気になさっているのでしょうか？　もっと掘り下げて考えてみるとよろしいでしょう。あたかも「彼がバツイチだとなぜ嫌なのか？」という小論文が書けちゃうくらいまで。

これはあくまでも、自分自身の意識の問題ですから、鍵を握っているのは、自らの心の奥でうごめいている感情です。

「奥さんと揉めて別れたわけではないし、子どももいない」と書いておられますが、ここにちょっとしたヒントがあるようです。

これは言い換えれば、子どもがいたり、奥さんと揉めて別れたりしていたら、世間体がもっと悪い。いまでも悪いけれど、こういうのがあったらもっと悪いと思っていらっしゃるということでしょう。

単純に、自分の子どもじゃない子を育てるのはちょっと……、というのもあるかもしれません。が、「バツイチ」自体をとても悪いものと思い込んでおられるため、子どもがいたりすると、彼と結婚したあとも、その子の存在が「バツイチ」の証拠になってしまい、世間に「バツイチ」を隠せなくなるのが嫌なのかもしれません。

ほんとうは新車も買えるスバラシイ自分なはずなのに、周りから「お金がなくて中古車しか買えなかったんだ」みたいに思われるのが嫌なのかもしれません。

自分自身のランクが下がるというか。

いやはや。

ちなみに、中古という観点から言うと、バツイチでなくても、童貞や処女じゃない限り、厳密に申せば中古なんですけれども……。

中古車というより、欠陥車だと思っているのかもしれません。

要するに、彼が最初の結婚で失敗をしたということが嫌。失敗をするということは、劣っているということ。その劣っている人間と自分が釣り合ってしまったというのが嫌なのかもしれません。

おそらくそれが核心でしょう。

ご相談の文面では、そういうふうには書いておられませんが、そのように認識してみたときに、自分の心の中にどういう気分が生じるかを感じてみるとよいでしょう。

「その劣っている存在とわたしは似合わない。

わたしはもっと優れた、立派な人間であって、こういう欠陥品と似合うような存在ではないのであ〜る。

欠陥のないものと似合うはずの存在だ。

それが、こういう欠陥のあるものとしか自分はつき合えないなんていうふうに見られたら、とても恥ずかしい。

世間からそのように見られるのはイヤだ、イヤだ」

と、自分は、こんな醜いことを考えているんだなあと認識してみること。

世間も世間体も実在しません。存在するとしたら、自分自身の脳の中。

そもそも世間などというのが、ほんとうに実在するのでしょうか?

そんなもの、最初からどこにも実在しません。

バツイチの人と結婚したとしても、「えっ、あの人、欠陥がある人と結婚したんだ」などと、現代の人々は思わないでしょう。

もちろん、浮気をして離婚を何回も何回も繰り返しているといった、なんとも言えない芳香漂う人の場合は別でしょうけれども。そうでもなければ、実は、別に誰も気にしない。

それどころか、「一度、結婚に失敗して、人間関係の酸いも甘いも知り尽くしている分、相手の扱い方を心得ていて、かえって魅力的」なんて考えすら、よく耳にするものです。

バツイチで容姿の優れた俳優と結婚したら、むしろうらやまれるはずです。

それに仮に、バツイチの人は欠陥があると思っている人がいるとしても、大っぴらに口に出したりはいたしません。そのようなことを言うのは、現代人のポリティカル・コレクトネスに反してしておりますから、思っていても口には出さない。

つまり、「世間体が悪い」というのは、妄想の産物です。

自分が「バツイチは値段が低い」という価値観をお持ちになっていますので、きっと世の間の大多数、すなわち世間もそう思うに違いないと、その妄想を他人にも植え付けようとしているのです。

太宰治の『人間失格』という小説の中で、主人公の葉蔵に、堀木という友だちが「世間ではこうだ」と言ってきたとき、葉蔵が「それは世間が言うんじゃなくて、あなたが思うんでしょ?」と答えるシーンがあります。

葉蔵は、「世間は存在しない」ということを見破っていたのです。

世間ではなくて、ある特定の個人が思っている。しかもこの場合は、周りの誰もたぶん思っていなくて、本人だけが思っている。その自分を周りに投影しているのだと申せましょう。

ゆえに、「世間体が悪い」として、世間のせいにしたくても、実際は「自分自身がイヤ」なのでもありまして、世間に責任転嫁はできません。

まずそのことを自覚したうえで、自分は、「自分のランクを上げたいので、ランクが下がるような相手とはつき合いたくない」という醜悪な価値観に染まっているということに気づいて、衝撃を受けてみることです。

そして、そのような価値観で恋愛をして、はたして幸せになれるのか、ということを考えてごらんになることです。

おそらく、たとえその方と結婚したとしても、「彼は劣っている」と思い続けることでしょう。彼がバツイチであることを気にする気持ちは、この先もなくならないものと思われます。

ちなみに、私もバツイチですけれど、もしもつき合っている相手がこういうことを考えていて、ひそかに私を見下していると感じたら、私はいたたまれなくなって、別れたくなるかもしれません。

このような価値観を持っている以上、それは無意識のうちに、知らず知らず態度に出てしまうことでしょうから、それによって彼をいたたまれない気分にさせてしまってはいないでしょうか。

プライドの高すぎる人は、恋をする代わりに、〝恋愛商品ごっこ〟をしているだけです。

そして、そのように他人を評価し査定する発想でおられるなら、ほかの人とおつき合いをしたとしても、あれこれ査定して、やっぱり迷ってしまうのではないでしょうか。

というのも、いまはたまたま、相手がバツイチだからと気にしておられますけれど、たとえば年収が低い人とつき合いはじめたら、こんなに年収が低い人は欠陥があると感じると思いますし、ちょっと話に面白みのない人とつき合っていたら、話のつまらない人は……などと考えることと思います。

ついつい、何かで値踏みしてケチをつけてしまう。

「自分のような、価値の高い存在に、釣り合うだけの最高の相手じゃなきゃ、イヤ!」

といった風情に、プライドが高すぎるのでしょう。
そのままでは、恋をするというよりも、恋愛商品のウィンドウショッピングをするかのような、寂しい人生になります。

自分がこんなにも醜くて
イヤーな精神性の人間だということを自覚して、
それでもつき合ってくれている彼を
大事にしてあげてください。

そして、では、そういう自分は完璧なのかと問われましたら、必ず、「いや、そんなことはありません」ときれいごとをおっしゃるでしょう。おそらくは、それこそ世間体を気にして。
つまり、この問題のむずかしいところは、「あなたが、自分は完璧だと思っていることが問題ですから、それを見つめ直しましょう」と申したところで、「いや、わたしは完璧なんかではありません」と答えるだろうということです。

実際、表面的には自分でも完璧だなどとは思っておられないはずです。自分をだまし、「わたしにもいろいろ欠陥はあるから」という優等生的な見解を自分に刷り込んでいる。けれども深層意識で、「自分にはすっごく価値がある！」と思い込んでいますので、他人を、それに釣り合うかどうか、値踏みしたくなるのです。

「彼には子どももいないですし……とくに問題はありません」と記してしまわれる視線は、商品を品定めする尊大な消費者意識に覆われています。

自分がこんなにも醜くて、イヤーな精神性の人間だということをしっかりと自覚し直しましたら、それでもつき合ってくれている彼を尊敬し、大事にしてあげたくはなりませんでしょうか？

合掌

お悩み⑰

お金がない彼との結婚を反対されています

彼は貯金もなく、お金があればすぐ使ってしまいます。近々結婚できればと考えていますが、親には結婚を反対されています。

理由は、彼に経済力がないから。

わたしは、経済力よりも気持ちがいちばん大切だと思っています。

親には「経済力もなく、愛想も悪くて頼りない男のどこがいいんだ」と言われます。お金のことは親の言うとおりだと思いますが、二人で働けば生活していけるはずだと思っています。

お互いに経済力がなければ、結婚はしないほうがいいのでしょうか？

（埼玉県　25歳　会社員）

お金の使い方も、その人の気持ちの一部です。

愛想が悪いというのは親の判断ですから、実際に愛想が悪いのかどうかは、私にはよくわからないですけれども、経済力はともかく、お金をすぐ使っちゃうというのは、自己制御力がないことでもあります。

すぐ使ってしまうだけで、借金などしないのでしたら、まだマシなほうかもしれませんけれども、すぐ使ってしまうというのは、短絡的に目先の快感を追い求める考え方の反映だと申せます。

お金の使い方がそうであれば、人生全般、その場が楽しければいいとか、とりあえずいまが楽しければ、あとはどうなってもかまわないといった感じで生きてしまう可能性が高いとも申せましょう。

結婚は、やはり金銭的には安定していたほうがいいですし、生活にしても、つねに目先のことにドタバタして落ち着けずにいる……なんてことになると、安らぎがありません。安定性があったほうがいい。

このケースのように、目先の刺激のインプットに対して、直情的に反応して散財してしまう、心の散乱した方とは、安心して長い人生を歩んでいくのはむずかしいかもしれないということは考えておいたほうがよさそうな気はいたします。

「お金よりも気持ちが大事」というのは、たしかに正論なのですけれども、お金の使い方というのも、実は、気持ちの一部です。

気持ちとまったく関係なく、からだだけでお金を使うなんてことはできません。お金は心が使うものだということを留意してみましょう。

月収が十万円なら、その十万円をきちっと自分の身の丈に合ったかたちで使って、身の丈に合った家に住んで、無駄遣いをしない生活をしている人でしたら、貧しかったとしても心豊かに幸せにいっしょに過ごしていけることと思われますが、さて、この場合はいかがでしょうか。

仮に月収が五十万円以上あっても、すぐ使ってしまうとか、クレジットカードであらかじめほとんど使い切ってしまっているとか、そういう生活をしていて貯金がないのだとしたら、行き当たりばったりだからというだけではすみません。

とにかくお悩み❺で述べたドーパミンを脳内で乱射して、快感に浸ることを求めて、何か良いものがあったら手に入れようとしてしまう人だと申さざるを得ません。

とても大雑把な傾向としては、ちょっと家庭が行き詰まってきたら、すぐに面倒くさくなって浮気したくなってしまったり。目先の快楽を求めて、暴れ馬のようにどこかに行ってしまうような気もいたします。

その安定感のない雰囲気が、ご両親からすると頼りないという印象となっているのかもしれません。

繰り返しますと、お金と心はべっとりくっついていますから、短絡的に、「大切なのはお金じゃなくて心だ」みたいな、キレイゴト的二項対立にすることで、そのことから目を背けないほうがよろしいでしょう。

恋愛感情が冷めたあとにも、二人三脚で人生を続けていくのに必要な要素が、たとえばお金の使い方などから確認できます。

もうひとつ申し上げておきたく思いますのは、結婚と恋愛は違うということです。結婚する前は恋愛感情が強いものですから、「好きだ」っていう気持ちだけで、あたかも一生走っていけるかのように思ってしまいます。

けれども、結婚して長らくいっしょにいると、だんだんお互いから受け取る刺激に耐性が出てまいりますゆえ、恋愛のドキドキ感なんてものは、ほとんどゼロとなり、やがては親密な家族という感じになってまいります。

そのように親密な家族となり、恋愛のドキドキ感がなくなったときに、いっしょに豊かに生きていくために重要なのは、安心感とか安定感、いっしょにいるとリラックスするとか、そういう要素です。

先述のように、いっしょに心地よく安眠できるとか、「おいしいね」って毎日、食卓をいっしょに囲めるとか、それを何千回何万回も繰り返せるという安定したハッピー感。

すぐお金を使っちゃう人とか、強い刺激を求めておかしな行動をとる人は、安定・安心して、長く二人三脚を続けていくのには向かない可能性が高い。

ふたりが馴れ合いになって刺激が飽和してきたころに、新たな刺激を求めずにいられないタイプの人間は、飽きた家庭をないがしろにして省みない……そうなるかもしれないのです。

翻《ひるがえ》って申しますと、恋愛感情が冷めたあとの関係性を測るうえで、お金の使い方というのは、大事な観察要素のひとつとも申せます。

すなわち、この金銭感覚というのは、いわば、見えないところに盗聴器をつけて彼を盗聴するようなものとも申せましょう。

お互いがヒートアップしているときは、相手も自分の良い面を見せよう見せようとしていると思いますけれど、それでも、良く見せきれない点がチラチラと垣間見えるもの。

それがお金の使い方だったり、たとえば、いっしょに入ったお店のスタッフに対する横柄な態度など、ほかの人間に対する態度だったりするのでしょう。

自分ひとりが楽しむためにお金を使うケチな男といると、不幸になります。

お金をどんな用途に使っているのかも、よく見ておいたほうがよいでしょう。

彼ひとりが楽しむ趣味や娯楽にばかり散財しているようなら、危険性がより高いと言えそうです。

それをいまは許容できても、結婚して家庭のお金を妻や子のためによりも、自分の遊びにばかり使うとなってしまいますと……。きっと彼女は、「わたしのためには使ってくれないいんだ……」と悲しくなり、イライラする日々を送るハメになりますでしょう。

けだし、誰もが「お金は、とても大事なものッ」と洗脳を受けているだけに、「この人が大事なお金をほかならぬわたしのために使ってくれている」と感じると、うれしくなるもの。裏返しますと、使ってもらえないと苦しくなるということ。

そういうケチな男といると、不幸になる。

こうした隠しきれないイヤなところは、最初のうちは恋人には、遠慮していて向けられないものですけれども、結婚して馴れ合いになってきたころには、いよいよこちらにも向けられるようになるものです。

ゆえに、いまのうちによく観察して、賢明な判断を下したほうが、のちのちのためにもよろしいでしょう。

合掌

お悩み⑱

恋愛が楽しめない…

気になっていた人とつき合うようになったのですが、とにかく緊張するばかりで、楽しむなんて余裕はありません。

何度か食事をしましたが、慣れることもなく、いつも同じように緊張します。相手もおとなしい性格なので、本音でしゃべってくれているようには感じませんし、いつまでも心の壁を取り除くことができずにいます。

ひとりの生活に慣れすぎて、誰かといっしょにいても楽しめません。もともと、誰かといっしょにいるのが居心地悪いのです。

自分のようなタイプの人は、恋愛や結婚には向いていないのでしょうか？

（東京都　32歳　会社員）

優しいのではありません。無理して、「いい人」を演じているだけです。

先日、新聞紙上での悩み相談で、四十代の男性から、似たような相談を受けました。

その男性は「婚活をしなきゃ」という強迫観念にかられて女性とおつき合いし、楽しく過ごそうといろいろがんばってはみるものの、結果としてなんだか疲れてしまう。相手にもあまり好感を持たれないようで、関係が発展しないことが多い。

友だちにそのことを相談してみたら、「おまえは優しすぎてつまらないんじゃないか」というふうに言われた、と。

けれども実際は、優しすぎるわけでもなんでもなく、ただ相手に合わせすぎて、互いにつまらないのだと思います。

たとえば相手の話に無理やり合わせて、つまらないなーと思いながらも、「うんうん、そうだよね、ほんとうにそうだと思う」などと言ってみたり、相手の好きな映画に対して、自分はそんなの全然好みではなくても、「それ楽しそうだね、いっしょに行こうよ」

などと言って、演技をし続けているのでありましょう。

そうやってただ、〝いい人〟を演じているのです。

「楽しくしようとしているのに、なぜかつまらない、疲れる」というその原因は、自分の気持ちを偽って、無理に楽しくしようとし、自然な自分を抑圧しているから。

さらに、そのような努力の結果、相手に気に入られるかと申しますと、そうでもない。

「この人、本音でしゃべっていない。この人、無理して自分に合わせている」という感じが伝わってしまう結果、相手はかえって圧迫感のようなものを感じておられることでしょう。

「無理してまで自分に合わせてくれてる、なんて優しい人！」とはならないわけです。

たいてい演じている本人は、それを自分の優しさと勘違いしたりしているものですけれども、それは優しさでもなんでもなくて、相手にもそうは伝わっておりません。

ストレスを感じてまでわざわざ、「いい人」を演じているのに、それが、相手にまでストレスを与えている。ガッビーン。

取り繕った表面ではなくて、その裏の本音の感情が相手にコピーされます。

〝ミラーニューロン〟という言葉を聞いたことがあるでしょうか？

これは相手の状態を鏡のようにコピーしてしまう神経細胞のことです。

目の前にいる人が、表面では、いい人ぶって無理にこちらに合わせたりして話していても、その裏では、「ほんとうはこんなこと言いたくないのになー」とか「ストレスがたまるなー」などとイライラしておりますと、相手は、そちらの裏のほうの状態を鏡のように映しとってしまう。そして、本人もなぜかとわからぬうちに、イライラする。

イライラしている感じとか落ち着かなさとかは、確実に相手にコピーされてしまうのです。すると、当然のことながら、相手も楽しめない。

一見すると自分の好きなことをいくらでもしゃべれて、なんでも聞いてくれて、表面的にはすごく話が嚙み合っているように見えますし、相手も「趣味が同じだよねー」などと言ってくれはするものの、「なんか違う」と感じます。相手の中にある葛藤をコピーしてしまいますゆえのことでしょう。

さらには、そうやって自分から相手にコピーされた裏側の緊張が再び、自分にコピーされて戻ってくる。そうしてストレスを感じた自分が緊張状態に置かれているのを相手が見て、それを相手がさらにコピーしてと……おやまあ、いっしょにいると緊張させ合ってしまうという悪循環に陥っているのです。

緊張するのは、自分をよく見せようとしているから。ありのままの自分ではだめだと思っているから。

では、どうして緊張するのでしょうか。

それは、自分をよく見せなきゃいけないという気持ちがあるからです。相手に気に入られなきゃいけない。話を合わせなければいけないし、食事の場なら、マナーにも気をつけなければいけない。ちゃんとしていなければ嫌われるんじゃないかとか考えている。

すなわち、ありのままの自分でいては好かれない、と思っているのです。

ありのままの自分を見せたら、他人は受け入れてくれないんじゃないかという恐れがあるからです。


ご相談のお言葉には、「ひとりでいるのに慣れすぎてしまって」とありますが、ひとりでいるときには、他人に対してサービスせずにひたすら自堕落に過ごせることに、味をしめてしまったのでしょうね。

反対におそらく、先に挙げた四十歳の男性と同様、他人といっしょにいると無意識的に嫌われないよう過剰にサービスしてしまうのではないでしょうか。ちゃんとしなきゃといった気持ちが過剰に働いてしまう。

食事のマナーをあまりにも文字どおりに守ろうとしてしまったり、ふだんは気楽な服装でいるのに、男性と会うからとものすごくがんばって、洋服選びにおそろしく時間をかけてしまったり。それでもう、疲れちゃう。

原因をずっと遡っていけば、子どものころ、母親に怒られた記憶だったりするかもしれません。

ちゃんとしていなかったときに、母親に「ちゃんとしてなきゃダメでしょ」って叱られたとか、「先生に怒られたの」とか「友だちとケンカしたの」って素直に言ったら、「ダメでしょ」って叱られたとか。挙げ句の果てに「そんなんだったら、どこどこに連れて行ってあげないわよ！」って言われたり。そういうことが何度も刷り込まれているのかもしれません。

「相手に受け入れられるためには、ありのままの自分を偽らなきゃだめだ」という癖が染みついてしまっているので、人に会うと、ほんとうの自分を隠さなきゃ、現実よりもよく見せるようにがんばらなきゃという気持ちになってしまっているのかもしれません。

そうして、自分の中に、うっすらと逆恨みの感情が生じているのかもしれません。

あなたがわたしといるせいでがんばらなきゃいけない。だから、ひとりになりたいの！　でも、ひとりになると寂しいから人と会いたい！　だけど人と会ったらがんばっちゃう。だから……。

この悪循環の中で苦しんでおられるのではないでしょうか。

「自分はどう思われているのか?」と、ひたすら自分に向けている関心を相手に向けてまいりましょう。

では、どうしたら、その悪循環から抜け出せるか。

まずは、これまでにも何度か申し上げてまいりましたように、自分の醜さに直面してはっとするのが役立ちます。

「わたしはそういう循環の中で囚われているんだな」と気づいてあげることです。

次に、もし誰かといるときに、「ちゃんとした格好をしなくちゃ」とがんばりすぎてしまうのなら、ひとりでいるときも、人に見られても恥ずかしくない格好でいる。

ひとりのときは、ダラダラとジャージやパジャマでひたすらゴロゴロするのが癖になっていると、その〝ダラダラ〟と、人に会うときの〝緊張〟とのギャップが激しくなって、人と会うのが疲れる、と感じるようになるのですから。

食事もそうです。ひとりでいて誰も見ていないときにこそ、なるべく丁寧に食べる。

〝お嬢さま〟にでもなった気分でおしとやかに食べ物を口に運んで、箸をちゃんと戻す。良い姿勢でよく噛んで。そしてまた口に運んで戻してを繰り返す。箸置きなんかもちゃんと使って。そういう癖をふだんからつけていけば、人前に出て食べるときも自然にそれが継続されますので、疲れることは減るでしょう。

人づき合いについても、気に入られたい相手と気に入られる必要のない相手との接し方のギャップが大きいことも、いざ気に入られたい相手を前にしたときの過剰な緊張を生む要因となるでしょう。

たとえば家族や近しい友だちに対して非常に冷たいという人の場合、相手からいまさら気に入られる必要がないので本音で接しているのでしょうけれども、そういう人に限って、外ではやたら人に媚びてその結果、疲れてしまっていたりします。

一般に恋人というのは、「この人に気に入られたいのッ」と思う度合いがいちばん強い相手でしょうから、その分ついつい媚びてしまう負荷も最大になっていることでしょう。相手が欲しいはずなのに、いっしょにいるといちばん疲れるという、なんとも皮肉な状況に陥ってしまう。トホホ。

ですから、こちらもふだんから、そのギャップをできるだけ少なくするように工夫してみる。たとえば、どうでもいい相手には過少サービスで、重要な相手に対しては過剰サービスしているのだとしたら、大事ではない相手に対してのサービスを少し上げ、過剰サービスをしすぎているのをちょっと下げてみる。

そのように均衡させてあげれば、緊張の度合いも減っていくかもしれませんし、何よりも、人格的な品性が向上して、麗しくなります。

本来、好きな異性に対しては、相手のすべてに興味があって、相手の話を聞くただそれだけで楽しいはずなのですが、残念ながらそうはならないのは、"自分"がどう見られるかにばかり関心がいって相手への興味を失ってしまっているからだと申せましょう。

換言いたしますと、嫌われたらどうしようとか、失敗したらどうしようということにばかり意識がいってしまって、相手への興味を持てる余裕がないのかもしれません。

いずれにしろ、恋や人間関係に失敗しているときというのは、自分の問題点を浮き彫りにできるときでもあります。つらいかもしれませんけれども、これをきっかけにして、性格美人になってゆくチャンスにすべく、ふだんの生活態度を入れ替えることに取り組んでいかれることをお勧め申し上げます。

合掌

男は立ててやらないといけない単細胞な生き物

恋（そして恋人）を、自分の価値＝値段をつり上げるための道具にすると、お互いが苦しくなるだけです。自分の価値よりもむしろ、相手の価値を上昇させてあげる練習をいたしましょう。

その方法のヒントは、昔の日本の女の人が「男を立てる」ということをしていたことのなかに見出せるように思われます。

たとえば、自分語りでまくし立てることなどせずに、男性の話に興味を持ってよく聞いてあげる（男はつまらない話をし続けるかもしれないけれど……）。あるいは、ほかの人たちにはしてあげないようなことをしてあげて、「あなただけは特別」という心持ちにしてあげる。

こういったことが昔よく行われていたのは、単に男尊女卑だったからというわけだけではなく、男というのが精神的にとても弱い生き物であることを、女性たちがよく知っていたからだと思います。

男性が「自分には価値がある、力がある、だから女性から特別扱いしてもらえる」ということをなぜ信じているのかと申せば、実際には、価値も自信もないからです。

そのことをよくわかったうえで、昔の日本女性は「男を立てる」ことをしつつ、「あなたは、わたしがいないと何もできないんだから」と言ったりもしていたようです。

幻冬舎をつくった見城徹氏が、自分は仕事でどんどん成功を収めているけれど、それはただ単に、つき合っている女の人に「素敵」「すごいわ」と褒められたいからなだけだと言い放ったことがありました。そういう弱さを人前にさらし出せるのは、実は度胸があるということでありまして、ふつうは多くの男性が同じように思っているのに、隠しているものなのです。

男性は、いまのような男女平等の世界になっても、いまだに昔ながらの価値観の中にいて、恋人から尊敬されたり褒められたりすることによって自分の値段を上げたいという、単細胞な生き物のままなのです。

裏を返しますと、女性によって「立ててもらう」ことにずーっと慣れてきた男性というものにとっては、自分の価値を上げてくれるどころか、恋で張り合って価値を下げようとしてくる女性に対しては、とても脆くて壊れやすくなっているのではないでしょうか。

だからといって、なにも昔のように、女がひたすら男を立てて控えめにしなければならない、などということを申したいわけではありません。

ただ、そういったアンバランスさがあってはじめて男と女が上手につながっていられたところに、現代は男も女も似たような具合になったために、安定してつながっているのがむずかしくなっているような気がするのです。

大事なのは、自分が男であれ女であれ、ある意味、アンバランスに不平等に相手を「立てて」あげることです。メールの文面を手抜きしない（「Re：」で返さない！）とか。約束はちゃんと守るとか。遅刻しないとか。ふだんよりずっと腕によりをかけて料理してあげるとか。

そして何よりも、恋人と馴れ合いになっても、そういったことを継続してあげること。そうやって恋人の価値を上昇させてあげたら、あなたは恋人にとっていつのまにか、〝なくてはならない存在〟になっていることでしょう。

あとがき

本書は、ザッパラス運営のモバイルサイト『スピチャン』で連載中の『恋愛成就寺』を大幅に加筆修正して、一冊にまとめて世に出ることとなったものです。

恋の悩みというのをずいぶんたくさん取り扱ってまいりましたなかで思いますのは、その内容は、一つひとつ別のものでありながら、悩みの核になっているパターンは、どれも似たり寄ったりだなぁ、ということです。

そうでありますだけに、ごく具体的な個別の相談を扱いつつも、誰にでも当てはまる普遍的な心模様を分析することにつながっているはず。「自分はこういうことでは悩んでないから関係ないや」と、心を閉じずに読んでくださいましたなら、ご自分では気づいていなかった自分の恋愛心理に、ズキッと思い当たる、かもしれません。

筆者の著述スタイルは、その〝ズキッ〟を通じて、変化を促すようなものでありますため、如何せん、読書中にイヤな気分になることもあり得ることでしょう。

いやはや、ご、ご免なさいねぇ……。

ただ、ハッと気づくためには、甘いごまかしよりも、ピリッと毒のきいた剝き出しの真実のほうが、ずーっと役に立つのですから、しかたありません。

ところで、いまから三年前、恋愛についての本はすでに一冊、『恋愛と結婚の呪縛をとくお稽古帖』という長ったらしい題名にて上梓しておりました。思い起こしますと、その本は私の中で史上最高の失敗作でありまして（読んでくださった方には、も…、申し訳ありません……）、恋という謎に取り組む本づくりに再度挑戦したいと思っていたのでした。

本書の悩みと回答のメインパートのもととなっている部分は、『スピチャン』を運営するザッパラス社の玉置真理さんからインタビューを受けるかたちで行われた連載ですが、彼女から質問される際のクレバーな切り口には、しばしば感心させられておりまして、ここに深く謝意を表明いたしたく存じます。

また、本書の随所にちりばめられた「特別講義」と名づけたコラムとイラストレーションは、雑誌『Zipper』（祥伝社）で、二〇一一年七月号～二〇一二年四月号までの十ヶ月にわたり、『恋愛駆け込み寺』として連載した原稿を収録したものです。
こちらは、掲載誌が十代の女の子向けファッション誌だったこともあり、中身がちょっと年少者向けっぽく執筆しているのですけれども、それも愛嬌ということで、基本的にはほとんどそのまま収録いたしました。もっと上の世代の方々におかれましては、それはそれとして年若きフレッシュな心持ちに立ち返って読んでくださいますと幸いです。
そうそう、そのコラムとイラストレーションを他社書籍に収録することをご快諾くださった『Zipper』誌と担当の金田陽子さんにも、心から御礼申し上げます。

そして、最後になりましたが、「わたしは恋愛を卒業したから、この本の編集は若い感性の恋愛現役世代社員に任せよう！」と仰っていらっしゃいましたのに、結局は、本書の編集を担当してくださったディスカヴァー社の干場弓子さんに、にっこりしながら御礼申し上げて、あとがきを閉じることにいたしましょう。

二〇一二年夏の夕べに
山口の正現寺にて著者記す

恋愛成就寺

発行日　2012年9月15日　第1刷

Author　小池龍之介
Book Designer　三木俊一＋芝晶子（文京図案室）
Photographer　佐藤克秋
Publication　株式会社ディスカヴァー・トゥエンティワン
〒102-0093東京都千代田区平河町2-16-1 平河町森タワー11F
TEL 03-3237-8321（代表）　FAX 03-3237-8323
http://www.d21.co.jp

Publisher& Editor　千場弓子（編集協力：株式会社ザッパラス　http://www.zappallas.com/）

Marketing Group
Staff　小田孝文　中澤泰宏　片平美恵子　井筒浩　飯田智樹　佐藤昌幸
鈴木隆弘　山中麻吏　古矢薫　伊藤利文　米山健一　原大士
井上慎平　郭迪　蛯原昇　中山大祐　林拓馬　本田千春
Assistant Staff　俵敬子　町田加奈子　丸山香織　小林里美　井澤徳子　橋詰悠子
古後利佳　藤井多穂子　藤井かおり　福岡理恵　葛目美枝子
田口麻弓　佐竹祐哉　松石悠　小泉和日
Operation Group
Staff　吉澤道子　松尾幸政　千葉潤子　鈴木万里絵　福永友紀
Assistant Staff　竹内恵子　熊谷芳美　清水有基栄　小松里絵　川井栄子　伊藤由美
Productive Group
Staff　藤田浩芳　千葉正幸　原典宏　林秀樹　石塚理恵子　三谷祐一
石橋和佳　大山聡子　徳瑠里香　堀部直人　田中亜紀　大竹朝子
堂山優子　山﨑あゆみ　伍佳妮　リーナ・バールカート
Digital Communication Group
Staff　小関勝則　谷口奈緒美　中村郁子　西川なつか　松原史与志

Proofreader　工藤美千代
Printing　株式会社厚徳社

ISBN978-4-7993-1156-1